TEACH YOURSELF BOOKS

ROMANIAN

NTC *Publishing Group*

TEACH YOURSELF BOOKS

ROMANIAN

A COMPLETE COURSE FOR BEGINNERS

Dennis Deletant
and
Yvonne Alexandrescu

NTC *NTC Publishing Group*

Long-renowned as *the* authoritative source for self-guided
learning – with more than 30 million copies sold worldwide –
the *Teach Yourself* series includes over 200 titles in the fields
of languages, crafts, hobbies, sports, and other leisure activities.

Library of Congress Catalog Card Number: 92–80877

Printed and bound in Great Britain by
Cox & Wyman Ltd, Reading, Berkshire.

748432

—— CONTENTS ——

Introduction   1

1	Bună ziua *Hello*	5
2	Punînd întrebări *Asking*	12
3	Să ne prezentăm *Talking about yourself*	19
4	Cum să ajung la *Asking the way*	28
5	Cît e ceasul? *What is the time?*	38
6	Recapitulare *Revision*	49
7	Căutînd cameră la hotel *Finding somewhere to stay*	51
8	Planuri de viitor *Planning ahead*	63
9	Ce s-a întîmplat? *What has happened?*	76
10	Aceasta este a mea *This is mine*	89
11	Lucram *I was working*	102
12	Dacă aş fi ... *If I were ...*	114
13	Recapitulare *Revision*	125
14	Obiectele personale *People's belongings*	128
15	Descriind oameni şi obiecte *Describing people and objects*	140
16	Cum să comanzi *Being authoritative*	150
17	Să intrăm în amănunte *Getting down to details*	161
18	Rezultate *Results*	174
19	Orientare în spaţiu *Position*	184
20	Recapitulare *Revision*	195
	Key to the exercises	201
	Verb tables	209
	Romanian–English Vocabulary	225
	English–Romanian Vocabulary	235
	Grammatical Index	245

— INTRODUCTION —

This course is for those with no previous knowledge of Romanian. It has been designed for self-tuition, but may also be used for study with a teacher.

Romanian, because of its Latin origin and the fact that it has borrowed words from other Romance languages, will be recognisable to anyone who knows French or Italian. In working through this course you will find many familiar words, especially those conveying more abstract concepts, some identical in spelling with similar words used in English. This makes it relatively easy to read texts in Romanian of a non-literary nature, in particular, newspapers.

The course introduces both colloquial and written forms of Romanian. The emphasis is on learning to use Romanian in a variety of situations and each of the 20 units has been structured to this end, as you will see from the *menu* at the beginning of each one. No knowledge of grammatical terminology is presupposed; each term is defined as it is introduced although we have also added the traditional grammatical terms for those familiar with them. It is these latter terms that we have sometimes used in the index for ease of reference where there is no straightforward alternative.

One point of comfort. Romanians are extremely tolerant of those who make the effort to learn their language; do not, therefore, be over cautious about using the language for fear of making grammatical errors. Romanians themselves occasionally slip up and for that reason are sympathetic to the difficulties faced by non-Romanians.

Most of the 2,000 words introduced in the course are those frequently used in daily conversational situations. Many of the vocabulary items are listed in the **Romanian–English** and **English–Romanian Vocabulary** at the end of the book. Each unit contains its own word-list of items introduced and is more explicit about the relevant grammatical forms.

How to use this course

Each unit contains a *menu* with its contents. It will outline which tasks are presented and which situations you will be linguistically able to cope with. The unit opens with **Cuvinte cheie** (*Key words*) which will enable you to understand the words introduced in the **Explicații** and the **Dialog**. Pay careful attention to the key words, learning them in the ways suggested in Unit 1.

Explicații

Following the **Cuvinte cheie** in the initial units the **Explicații** (*Explanations*) give useful tips about pronunciation and grammar. In later units, this section gradually introduces the structures of Romanian. This will help you to understand how the language works. Such an understanding will give you the ability to use the language effectively. Mastering Romanian grammar is difficult but this section attempts to make it more accessible by providing simple explanations illustrated by numerous examples. The points raised in **Explicații** are exemplified in the **Dialog** and **Exerciții** (*Exercises*).

România și românii

Following the **Explicații** is the section **România și românii** (*Romania and the Romanians*). It contains information on aspects of Romanian history, culture and everyday life and introduces extra vocabulary.

Dialog

The **Dialog** (*Dialogue*) should be read in conjunction with the **Cuvinte**

cheie (*Key words*). Make a detailed study of it, noting all the new vocabulary and language forms. The first question of the **Exerciții** (*Exercises*) always refers to the **Dialog** and is designed to test your understanding of it. The answers are to be found at the back of the book on page 201.

A good tip for familiarising yourself with the conversational gambits in the dialogue is to read it aloud. Memorising it will also assist you in your own use of the language in relevant situations.

Remember that understanding Romanian will not by itself enable you to create Romanian fluently and accurately. Much practice is needed before you can make the leap from recognition to creation.

Exerciții

Since this is a self-instruction course, a key is provided to all the **Exerciții** (*Exercises*). This is to be found in the **Key to the exercises** starting on page 201.

The nature of the course requires you to complete the exercises in writing, but you can also do some of them orally in order to develop your spoken expertise. As you would expect, the exercises are dominated by tests on the vocabulary and structures introduced in the latest unit. There are three **Recapitulare** (*Revision*) units (**6, 13, 20**) which cover material from all preceding units. You should regard your progress with 6 and 13 as a sign as to whether you should go on to the following units. There is a great deal of grammatical material introduced in units 7 to 12 and you should not attempt this before you have familiarised yourself with the first five units.

A few words about the cassette

Although this course-book is designed to be self-contained, you will find it extremely useful to work with the cassette produced to accompany the course. The native-speaker recordings on the cassette will help you to recognise and understand spoken Romanian and to reproduce pronunciation, intonation and stress that will make you intelligible to Romanian speakers. The cassette has recordings of the **Dialoguri** and highlights key words from **Cuvinte cheie**. The cassette includes some of the exercises from the book. All the answers are at the back of the book in the **Key to the exercises**.

Listen to the **Dialog** several times, paying particular care to the pronunciation and stress. See how much of the **Dialog** you can understand without consulting the text.

Copying out the **Dialog** is a useful way of checking your comprehension of it against the text.

Beyond the course-book

Radio broadcasts

A valuable source of natively spoken Romanian is the radio (you cannot pick up Romanian TV in Britain). From Britain and elsewhere you can tune into the Romanian service of BBC World Service on Short Wave on 49m (6,01 and 6,05 MHz), 41m (7,21 MHz), 31m (9,75 MHz) and 25m (11,845 MHz) (times vary).

Newspapers

Romanian newspapers are not easy to acquire in Britain. You can take out a subscription to one of the most popular *România liberă* by writing to the Subscription Dept (Abonamente), România Liberă, Piaţa Presei Libere 1, Bucureşti, România (fax 010400 12 82 71).

Pronunciation

You will find a guide to pronunciation in Unit 1, on pages 9-11.

Symbols and abbreviations

This indicates that the cassette is needed for the following section.

This indicates dialogue.

This indicates exercises – places where you can practise speaking the language.

This indicates key words or phrases.

This indicates grammar or explanations – the nuts and bolts of the language.

This draws your attention to points to be noted.

1

BUNĂ ZIUA
Hello

In this unit you will learn

- to say hello, goodbye
- to say thank you
- to exchange greetings
- to ask people to speak more slowly
- how to pronounce Romanian sounds

Before you start

Read the introduction to the course starting on page 1. This gives some useful advice on studying by yourself and how to make the most of the course.

As you probably know people learn in different ways: some need to know rules for everything, others like to feel their way intuitively. In this unit you'll be given the opportunity to find out what works best for you so look out for the symbol ✳

Make sure you've got your cassette-recorder 📼 next to you as you'll need to listen to **Cuvinte cheie**, **Dialog** and the section **Romanian sounds**. If you don't have the cassette use the section **Romanian sounds** on pages 9-11 to help with the pronunciation.

✔ Exercițiu   *Exercise*

Can you think of any Romanian word you know such as the words for hello and thank you? Say them aloud and look at the section **Cuvinte cheie** below to check the answers.

— 5 —

Cuvinte cheie
Key words and phrases

Before you listen to the tape, look back at the section **A few words about the cassette** on pages 3-4 to find out how to listen to the key words and dialogues.

bună ziua good afternoon, hello	**domnişoară?** Do you speak English Madam/Sir/Miss?
bună dimineaţa good morning	**Vorbiţi româneşte doamnă/**
bună seara good evening (after 6 pm)	**domnule/domnişoară?** Do you
noapte bună good night (when going to bed)	speak Romanian Madam/Sir/Miss?
la revedere goodbye	**Vorbiţi mai rar, vă rog.** Speak more slowly, please.
da, mulţumesc yes please	**bine** OK/well
nu, mulţumesc no thank you	**foarte bine** very well
vă rog please	**Ce mai faceţi?** How are you?
Poftim? Sorry? (when you want something repeated)	**bine, mulţumesc** well, thank you
poftim here you are	**Dar dumneavoastră?** And you?
scuzaţi sorry (to apologise)	**aşa şi aşa** so so
Vorbiţi englezeşte doamnă/domnule/	

There are several ways of learning vocabulary. Find out the way that works best for you. Here are a few suggestions.

(*a*) Say the words aloud as you read them.
(*b*) Write the words over and over again.
(*c*) Listen to the tape several times.
(*d*) Study the list from beginning to end then backwards.
(*e*) Associate the Romanian words with similar sounding words in English.
(*f*) Associate the words with pictures or situations (e.g. **bună ziua, bună seara** with shaking hands).

Explicaţii *Explanations*

1 Silent i

As a general rule don't pronounce **i** at the end of a word ie. vorbiţi, scuzaţi, faceţi

2 Simple questions

The simplest way of asking something in Romanian is to raise the tone of your voice on the last syllable of the sentence: **vorbiţi englezeşte?** ↑ or **poftim?** ↑

3 No thank you

If you want to refuse something in Romanian you say **nu, mulţumesc.**

Dialog *Dialogue*

Domnul Porter	Bună ziua, Doamnă Enescu.
Doamna Enescu	Bună ziua, Domnule Porter.
Domnul Porter	Ce mai faceţi?
Doamna Enescu	Bine, mulţumesc. Dar dumneavoastră?
Domnul Porter	Foarte bine.
Doamna Enescu	Vorbiţi bine româneşte!
Domnul Porter	Poftim? Mai rar, vă rog.
Doamna Enescu	Scuzaţi. Vorbiţi bine româneşte!
Domnul Porter	Aşa şi aşa.

Try to learn the dialogue by heart by repeating it several times.

România şi românii *Romania and the Romanians*

In Romania people shake hands with friends and acquaintances every time they meet each other or say goodbye.

It is customary for a man to kiss the hand of a lady when he is introduced to her.

If you want to attract a waiter's attention to order a drink or snack you should raise your hand in his direction and say, **vă rog, domnul**.

 —————— Exerciţii *Exercises* ——————

1 How would you greet:
   (a) Mr Porter, in the morning?
   (b) Mrs Enescu, in the afternoon?
   (c) Miss Enescu, in the evening?

2 What would you say to each of them when taking your leave?

3 Someone asks you something you don't understand. Which of these would you use in reply:
   Scuzaţi.
   Vorbiţi mai rar, vă rog.
   Noapte bună.

4 You are in the hall of a hotel and you meet someone you know. What do you say when:
   (a) you see him/her.
   (b) he/she speaks too fast.
   (c) he/she offers you a cigarette and you do not smoke.
   (d) he/she says goodbye.

5 A man at the bus-stop is asking you a question that you do not hear properly. Which do you say:
   (a) vă rog.
   (b) nu, mulţumesc.
   (c) poftim?

6 You are staying the night with some friends. It's late and you decide to go to bed. Which do you say:
   Ce mai faceţi?
   La revedere.
   Noapte bună.

7 Use the clues to complete the grid. When you've finished, the vertical word will be what you say to someone to express thanks.
   (a) Greeting someone in the morning.
   (b) A greeting used when going to bed.
   (c) The opposite of doamnă.
   (d) How are you?

(e) Hello.
(f) Sorry?
(g) What you say when you take your leave of someone.
(h) Good evening.
(i) Excuse me.

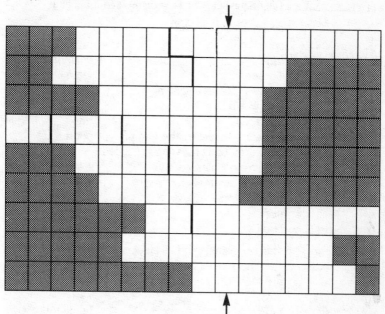

Remember to check your answers in the **Key to the exercises**. If you have too many wrong answers go back to page 6 as it gives useful tips to learn key words and phrases, then do the exercises again.

 ——————— **Romanian sounds** ———————

How to sound Romanian

Now that you've learnt a few Romanian phrases concentrate on sounding Romanian right from the beginning. Here are a few rules that will help you.

(a) In Romanian roughly equal weight is given to each part of the word. Eg. **res-tau-rant, spi-tal, ca-fea, te-le-fon.**

(b) All Romanian words that are spelt like English words are pronounced differently. Eg. important, parking, taxi, computer.

📖 Romanian vowel sounds

Here is a list of the Romanian vowels with a rough English equivalent sound. Some of them have an accent (ă â î) which affects their pronunciation and distinguishes words with the same spelling.

	rough English sound	
a	come, cut	am
ă	hurt	doamnă
e	1 pen	lemn
	2 yes (at the beginning of a word)	este
i	1 sleep	mic
	2 almost silent at the end of words (except when preceded by consonant plus **r**)	pomi
	3 yard (at the beginning of the word)	iar
o	pork	pom
u	book	un

â and î represent the same sound. It has no close equivalent in English. It is a cross between the sounds in English *crude* and *creed*: *lîngă*.

ai	pie	mai
au	cow	sau
ea	yap	dumneavoastră
ei	day	lei
ei, iei	yea (old English)	ei
eu	1 no close equivalent	leu
	2 no close equivalent	eu
ia	young	România
iau	yowl	iau
ie	yes	prieten
io	York	pensionar
ioa	no close equivalent	creioane
iu	no close equivalent	fotoliu
îi	no close equivalent	cîine
oa	wonder	soare
oi	voice	doi
ou	low	ou
ua	one	luaţi
uă	influence	două
ui	ruinous	pui

📟 Romanian consonant sounds

Many consonants, such as **b c d f g h k l m n p s t v w x z** are similar to English. Below are the exceptions:

	rough English sound	
c (before **i, e**)	**ch**eese	**c**eai
ch	**k**ite	**ch**elner
g (before **i, e**)	**g**eography	**g**eam
gh	**g**ive	**gh**id
j	lei**s**ure	a**j**unge
r	trilled as in Scottish **r**	**r**aft
ş	**sh**op	**ş**i
ţ	ca**ts**	**ţ**ară

Acquiring a good accent is desirable, but the principal aim is to make yourself understood. Here are a number of tips for studying pronunciation.

(*a*) Listen carefully to the cassette or a native speaker or teacher.
(*b*) Tape record yourself and compare your pronunciation with that of a native speaker.
(*c*) Ask a native speaker to listen to your pronunciation and tell you how to improve it.
(*d*) Make a list of words that cause you pronunciation problems and practise them.
(*e*) Try this tongue-twister: **şase saci, şase saci, şase saci. Şase** means *six* and **saci** means *sacks*.

Un mic test   *A mini test*

You have reached the end of Unit 1. Now you know how to say hello, thank you and exchange greetings. You've also learnt a little about Romanian sounds.

How would you:
(*a*) say hello?
(*b*) ask someone if he/she speaks English?
(*c*) say thank you?

You'll find the answers at the back of the book. If you have answered all the questions correctly, go to Unit 2. If not, revise Unit 1.

2

PUNÎND ÎNTREBĂRI

' *Asking*

In this unit you will learn

- to ask for something
- to count up to ten
- to ask the price
- to say how much you want
- to use negative constructions

Before you start

The simplest way to ask for something in a shop is to point at it and say **vă rog**. You can also say the Romanian word if you know it followed by **vă rog**, such as **cafea, vă rog** *coffee, please*; **Domnule/Doamnă/ Domnişoară, vă rog** to call the waiter's/waitress's attention.

Exerciţii

You are in a restaurant. How would you attract the waiter's attention? How would you ask for a cup of coffee?

Cuvinte cheie

Learning a new language involves remembering new vocabulary and rules about pronunciation and grammar. Although the course presents this information in a certain way it is useful to devise your own system for referring to what you have already learnt.

un telefon a telephone, a telephone call	**un restaurant** a restaurant
un hotel a hotel	**un spital** a hospital
un WC a toilet	**vreau** I want
un taxi a taxi	**Aveți?** Do you have?
un ceai a cup of tea	**avem** we have
un bilet a ticket	**nu avem** we do not have
un cîine a dog	**Unde este?** Where is?
o pîine a loaf of bread	**Cît costă?** How much is it?
o bere a glass of beer	**asta** this
o sticlă cu vin a bottle of wine	**și** and
o sticlă cu apă minerală a bottle of mineral water	**aici** here
o cameră a room	**acolo** there
o stație de autobuz a bus-stop	**plata, vă rog** the bill, please
o stație de metrou an underground station	**îmi pare rău** I'm sorry
o stație de taxi a taxi rank	**unu/una** one
o stație de benzină a petrol station	**doi/două** two
o farmacie a chemist's	**trei** three
aspirine aspirins	**patru** four
antinevralgice paracetamol tablets	**cinci** five
țigări cigarettes	**șase** six
Ce doriți? What would you like?	**șapte** seven
	opt eight
	nouă nine
	zece ten

 When organising the study of vocabulary you can group the words by:
(a)   generic categories, such as shopping
(b)   situations, such as ordering food in a restaurant

To remind yourself of pronunciation rules reserve a section of your notes for them for easy reference.

 ———————— **Explicații** ————————

1   Negation

The negative particle **nu** is placed before a verb to indicate negation. We can illustrate this by first of all taking a simple affirmative statement as **sînt român** *I am Romanian*. To say *I am not Romanian* we place **nu** before **sînt**, ie. **nu sînt român**.

este	there is/it is	nu este	there is not/it is not
Aveți?	Do you have?	Nu aveți?	Don't you have?
vreau	I want	nu vreau	I don't want

2 Intonation

There are basically three patterns of intonation. If you have the cassette, listen to the following examples. The first is found in simple questions where the voice is raised to a high pitch on **unde**:

> **Unde este?**   *Where is it?*

The second occurs in questions to which we can expect the answer *yes* or *no*.

> **Aveți cafea?**   *Do you have coffee?*
> **Nu aveți bere?**   *Don't you have beer?*

Here the high pitch is given to **cafea** and **bere**.

The third is met in a normal statement:

> **Nu vreau bere.**   *I don't want (a) beer.*

Here there is a slight fall in pitch at **bere**.

3 Un, o, *a, an*

The word *a* or *an* in English becomes un or o:

| un hotel | a hotel | o cameră | a room |
| un om | a person | o sticlă | a bottle |

Unlike in English, Romanian nouns are classified by gender, which means that they are either masculine, feminine or neuter. A noun is a word that denotes persons, creatures, things, qualities or notions. Nouns therefore belong to one of the three genders or groups and the nature of the group determines whether **un** or **o** precedes the word. Very broadly speaking the ending of the word will tell you whether to use **un** or **o**. Thus words that end in a consonant, like hotel and om, will be preceded by **un**, and belong to either the masculine or neuter group or gender. Since **un** is the masculine and neuter marker of *a, an*, it will be used with these words.

Eg. **un hotel** is neuter and **un om** is masculine.

Nouns that end in a vowel, like cameră and sticlă, are preceded by o and belong to the feminine group. Since o is the feminine marker of *a*, *an*, it will be used with such words.

Eg. **o sticlă, o bere.**

However, there are also several nouns that end in **e** that belong to the masculine group and are therefore preceded by **un**.

Eg. **un cîine.**

Although there are several exceptions to the general rules, it is a good habit to learn the nouns with their markers as this will help you to remember the gender. Even if you get the gender wrong Romanians will still understand you. Here are some examples:

un taxi	**un ceai**	**un bilet**
o farmacie	**o pîine**	**o doamnă**

A simple guide to remembering the group or gender of a noun is to bear in mind that in most cases male beings belong to the masculine gender and females belong to the feminine. Animals that are male or female are respectively of the masculine and feminine gender. Unfortunately for the learner, objects and abstract notions are less regular in their gender.

4 Plural

Broadly speaking, to mark the plural, masculine nouns take the ending **-i**, feminine nouns the endings **-e** or **-i**, and neuter endings **-e** or **-uri**.

m (= masculine)			
un român	a Romanian	**un englez**	an Englishman
doi români	two Romanians	**doi englezi**	two Englishmen
un cîine	a dog		
doi cîini	two dogs		

f (= feminine)			
o sticlă	a bottle	**o bere**	a beer
două sticle	two bottles	**două beri**	two beers

	n (= neuter)		
un taxi	a taxi	**un bilet**	a ticket
două taxiuri	two taxis	**două bilete**	two tickets

You will find more plurals in Unit 3.

Later in the book (from Unit 5) the **Cuvinte cheie** sections list nouns with both their singular and plural forms followed by (m), (f) or (n) to note the gender. (Also see page 29.)

Dialog

Let's accompany Mr Porter and see if he gets what he wants. Read the following dialogue or if you have the cassette listen to it first.

Chelnerul	Bună ziua, domnule. Ce doriți?
Domnul Porter	Vreau o cafea și o sticlă de apă minerală.
Chelnerul	Îmi pare rău, dar nu avem nici cafea nici apă minerală. Poate doriți un ceai.
Domnul Porter	Nu, mulțumesc, nu vreau ceai.
Chelnerul	Atunci o sticlă de vin. Avem Cotnar și Murfatlar.
Domnul Porter	O sticlă de Murfatlar, vă rog.

dar	but	**poate**	maybe
nici...nici	neither...nor	**atunci**	then

România și românii

Many Romanians drink **apă minerală** instead of tap water, even though the latter is safe to drink. There are more than 100 mineral water springs in Romania which have been commercially developed and have bottling plants. This mineral water is almost all **gazoasă** (*fizzy*) and is drunk at the table. Some mineral water is taken for medicinal purposes and is particularly recommended for liver and kidney complaints. Occasionally Romanians dilute wine with mineral water to make a refreshing drink called **un spriț**.

Exerciții

1 Where do you think this dialogue takes place?

2 Compose a similar dialogue for the chemist's.

3 Mr Porter is in a restaurant. Fill in the waiter's questions or answers.

    Example: Chelnerul   Ce doriți?

           Domnul Porter Vreau un ceai.

           Chelnerul   _____ _____ _____

           Domnul Porter Vreau o bere.

           Chelnerul   _____ _____ _____ _____

           Domnul Porter Atunci o cafea.

           Chelnerul   _____ _____ _____ _____

           Domnul Porter Nu, mulțumesc.

4 You are in Sibiu in Transylvania and you need to know where to find (a) a hotel, (b) a chemist's and, (c) a petrol station. Ask a passerby.

    Example: Unde este un   *Where is there a restaurant?*
               restaurant?

5 Give the answers, in the negative, to the following questions:
    (*a*) Doriți o cafea?
    (*b*) Aveți aspirine?
    (*c*) Vreți un ceai?
    (*d*) Aici este un hotel?
    (*e*) Acolo este o stație de taxiuri?

6 The items you want are hidden in the string of letters below. Find them.

    | xubaspirineovkbenzinăehmalțigări |

7 Match questions to the following answers.
    Example: Un ceai costă cinci lei. *Question* **Cît costă un ceai?**

    O cafea costă cinci lei. _____ _____ _____?
    O sticlă cu bere costă opt lei. _____ _____ _____?
    O pîine costă cinci lei. _____ _____ _____?
    Un bilet de autobuz costă șase lei. _____ _____ _____?
    Asta costă zece lei. _____ _____ _____?

8 Try to ask in Romanian as many questions as you can.

9 Match the words in the left-hand column with those in the right.
Example: o staţie de benzină.

o staţie		vin
o sticlă		hotel
o cameră	de	metrou
două bilete		aspirine
zece		benzină

3

SĂ NE PREZENTĂM
Talking about yourself

In this unit you will learn

- to introduce yourself
- to say where you are from
- to ask *how much, how many*
- to construct more plurals
- to count from 11 to 20

Before you start

Mă numesc *my name is ...* that is the way you introduce yourself when asked **cum vă numiți?** *what is your name?*.

Exemple *Examples*

Cum vă numiți?
Mă numesc George Porter.
Dumneavoastră cum vă numiți?
Eu **mă numesc** Victor Costescu.

Dumneavoastră *you* is used when you address another person unless you are close friends, or to speak to a child.

Exercițiu

Introduce yourself as in the example above and ask your new acquaintance his or her name.

 Cuvinte cheie

Cum se spune pe românește? How do you say in Romanian...?
Sînteți român? Are you Romanian? (addressing a man)
Nu, sînt englez. No, I am English. (man)
Sînteți româncă? Are you Romanian? (addressing a woman)
Nu, sînt englezoaică. No, I am English (woman).
De unde sînteți? Where do you come (are you) from?
Sînteți din România? Do you come (are you) from Romania?
Nu, sînt din Anglia. No, I am from England (Britain).
Sînteți căsătorit? Are you married? (addressing a man)
Sînteți căsătorită? Are you married? (addressing a woman)
Aveți copii? Do you have children?
Am un copil, o fată. I have one child, a girl.
Cîți copii aveți? How many children do you have?

Avem doi copii, o fată și un băiat. We have two children, a girl and a boy.
Cîte fete și cîți băieți? How many girls and how many boys?
Avem două fete și trei băieți We have two girls and three boys.
Ce sînteți? What are you?
Sînt ziarist/ziaristă. I am a journalist (male/female).
profesor/profesoară teacher (male/female)
student/studentă student (male/female)
medic doctor
Unde stați? Where are you staying?
Stăm la hotel. We are staying in a hotel.
Cît timp stați în România? How long are you staying in Romania?
Nu știu, o zi sau două zile. I don't know, one or two days.
depinde it depends
pînă mîine until tomorrow
azi today
o săptămînă a week

Read the questions and answers several times.

 Explicații

1 More plurals

In Unit 2, you were introduced to some plural forms of nouns: **un român, doi români, un bilet, două bilete, o sticlă, două sticle.** Here are some more forms:

(a) In masculine nouns the addition of **i** in the plural sometimes causes the final consonant to change:

copil	*child*	**rus**	*Russian*
copii	*children*	**ruși**	*Russians*

(b) Those that end in a vowel replace the vowel with **i**:

metru	*metre*	**leu**	*lion*, (units of
metri	*metres*	**lei**	*lions*, currency)
pește	*fish*		
pești	*fish(es)*		

(c) Feminine nouns ending in **ă** form their plural by substituting either an **e**:

casă	*house*	**cameră**	*room*
case	*houses*	**camere**	*rooms*
englezoaică	*Englishwoman*		
englezoaice	*Englishwomen*		

or an **i**:

gară	*station*	**grădină**	*garden*
gări	*stations*	**grădini**	*gardens*

(d) Those ending in **e**, replace it with an **i**:

pîine	*bread*	**carte**	*book*
pîini	*loaves*	**cărți**	*books*

(e) Those ending in **ură** replace it by **uri**:

prăjitură	*tea cake*
prăjituri	*tea cakes*

(f) Those ending in **ie** replace it by **ii**:

cofetărie	*coffee house*
cofetării	*coffee houses*

(g) Those in **ea** replace it by **ele**:

cafea	*coffee*
cafele	*cups of coffee*

(h) Neuter nouns ending in **ou** form their plural by adding **uri**:

birou	*office, desk*
birouri	*offices, desks*

(i) Those ending in **iu** are formed in the plural with **ii**:

fotoliu	*armchair*
fotolii	*armchairs*

2 Nouns of nationality and of occupation

(a) Earlier in this unit you met the phrases **sînt ziarist, sînt profesor** *I am a journalist, I am a teacher.* Note that the indefinite articles **un** and **o** (*a*) are omitted after the verb in such usage. Similarly they are not required when indicating nationality: **sînt român, sînt românca** *I am Romanian.*

(b) Feminine nouns denoting occupation or nationality are usually derived from masculine ones. See **un student** *a male student,* **o studentă** *a female student:*

m		f
un profesor	*a teacher*	o profes**oară**
un englez	*an Englishman/woman*	o englez**oaică**
un american	*an American*	o american**că**
un doctor	*a doctor*	o doctor**iță**
un inginer	*an engineer*	o ingin**eră**

Note how the feminine form is often radically different.

3 How much? How many?

To ask *how much, how many,* Romanians use the word **cît**. In Unit 2, you learnt the phrase **cît costă?** *how much does it cost?.* When used with a noun **cît** changes its form to agree:

(a) according to whether the noun is masculine, feminine or neuter;
(b) according to whether the noun is singular or plural.

Thus in this unit the forms **cîți băieți** *how many boys* and **cîte fete** *how many girls* are used.

	m	f	n
singular	cît	cîtă	cît
plural	cîți	cîte	cîte

4 Numbers from 11 to 20

11	**unsprezece**
12	**doisprezece** (m), **douăsprezece** (f, n)
13	**treisprezece**
14	**paisprezece**

15	cincisprezece
16	şaisprezece
17	şaptesprezece
18	optsprezece
19	nouăsprezece
20	douăzeci

From 20 upwards the nouns are linked to the number by **de**, so:
doisprezeci ani (*12 years*)
douăsprezece fete (*12 girls*)
paisprezece sticle (*14 bottles*)

but: **douăzeci de lei** (*20 lions*)

 Note that in colloquial speech the **-sprezece** ending is reduced to **şpe**: unşpe, doişpe, douăşpe, treişpe, paişpe, cinşpe, şaişpe, şapteşpe, opşpe, nouăşpe.

Dialog

The Romanian tourist office is conducting a survey about tourism in Romania, and one of their employees (**angajat**) approaches George Porter:

Angajatul	Cum vă numiţi?
George Porter	Mă numesc George Porter.
Angajatul	De unde sînteţi?
George Porter	Din Anglia.
Angajatul	Nu sînteţi român?
George Porter	Nu, sînt englez.
Angajatul	Sînteţi căsătorit?
George Porter	Da, sînt căsătorit şi am doi copii: o fată şi un băiat.
Angajatul	Cît timp staţi în România?
George Porter	Nu ştiu precis, depinde. Stăm la Cluj pînă mîine, o zi sau două la Bucureşti şi apoi o săptămînă la Timişoara.
Angajatul	De ce nu staţi mai mult?
George Porter	Nu avem timp.

mai mult more	**apoi** then

România şi românii

The Romanians derive their name (**nume**) from the Romans who conquered the Romanian's ancestors, a people, called Dacians (**daci**), in the year 105 AD. The Romans gave the name Dacia to the territory which they conquered and this area corresponds roughly to the present-day region (**regiune**) of Transylvania (**Transilvania**). After the Romans withdrew from Dacia in 274 AD successive waves of invading peoples (**popoare**), such as Slavs (**slavi**) and Hungarians (**unguri**), settled in the territory of Romania. Its position at the crossroads of Western and Eastern Europe (**Europa**) has given Romania and the Romanians a troubled history (**istorie**). It was only in 1859 that the Romanians in the principalities of Wallachia (**Ţara Românească**) and Moldavia (**Moldova**) were united in a single country called Romania and it was not until 1918 that the Romanians of Transylvania, who formed the majority population of that region, joined their fellow countrymen. Even today (**astăzi**) there are more than 2.5 million Romanians in the Republic of Moldavia (**Republica Moldova**) who may well decide to join Romania.

Romania is the 12th largest country in Europe in area (**suprafaţă**). It is slightly smaller than Great Britain (**Marea Britanie**) and its population is just more than 23 million (**milioane**).

Romania has Russia, Bulgaria, what was formerly Yugoslavia, and Hungary as neighbours.

———————— **Exerciții** ————————

If you have the cassette, listen to the numbers 11 to 20: they are read in random order. Write them down as you hear them.

1 Say whether the following statements based on the dialogue are true or false.

Domnul Porter (a) este englez.
             (b) este din România.
             (c) este în România.
             (d) nu are copii.
             (e) este căsătorit.

How would you answer the tourist survey questions? We can't give you the answers – check against the dialogue.

2 Jumbled conversation. Using the dialogue as a model try to unscramble the following conversation:
(a) De ce nu stați mai mult în România?
(b) Nu, sînt englez.
(c) Sînteți căsătorit?
(d) Sînteți român?
(e) Da, avem o fată și un băiat.
(f) Nu avem timp.
(g) Da, sînt căsătorit.
(h) Aveți copii?

 3 Ask questions in order to get the following answers:
(a) Da, avem trei copii.
(b) Nu avem fete.
(c) Da, sînt englez.
(d) Stăm la hotel.
(e) Aici stau două zile.
(f) Sînt ziarist.

4 Use the appropriate indefinite article **un** or **o**:
(a) copil, (b) fată, (c) băiat, (d) hotel, (e) telefon, (f) farmacie, (g) spital, (h) ceai, (i) bilet.

5 Can you find the ten words in Romanian in this puzzle?

(a) *Do you speak?*
(b) *where.*
(c) *telephone.*
(d) *child.*
(e) *you have.*
(f) *you are.*
(g) *it depends.*
(h) *week.*
(i) *female journalist.*
(j) *bottle.*

N	A	K	V	Ă	G	O	Ș	I	I
O	B	E	Z	Ș	A	V	E	Ț	I
F	S	E	I	Ț	N	Î	E	I	Ă
E	T	I	A	G	O	T	D	B	J
L	I	O	R	C	N	Î	E	R	U
E	C	L	I	I	L	I	P	O	C
T	L	K	S	E	Y	T	I	V	D
S	Ă	P	T	Ă	M	Î	N	A	G
Z	O	Ț	A	Ș	P	E	D	N	U
T	P	Î	U	F	D	S	E	S	V

6 How do you say in Romanian:
  (a) Are you Romanian (woman)?
  (b) I am married (man).
  (c) Where is a restaurant?
  (d) My name is Victor Enescu.
  (e) I am a student (man).
  (f) How much is a ticket?
  (g) I want a bottle of mineral water.

7 Translate the following:
  (a) Cît costă o prăjitură?
  (b) Cît costă două pîini?
  (c) Stăm șapte zile în România și nouă zile în Anglia.
  (d) Doriți cafea?
  (e) Da, vreau două cafele.
  (f) Avem patru copii.

8 Which column would you use to ask questions of Mr Porter and which to ask questions of Mrs Porter?
  (a)
  sînteți ziarist?
  sînteți profesor?

  (b)
  sînteți ziaristă?
  sînteți profesoară?

sînteți student?	sînteți studentă?
sînteți doctor?	sînteți doctoriță?
sînteți inginer?	sînteți ingineră?
sînteți american?	sînteți americancă?
sînteți englez?	sînteți englezoaică?

Try using other male and female persons with the above forms, such as **George este englez**, or **Ana este englezoaică**.

9   A puzzle. Fill the squares across with the correct Romanian words.

(a) *a*

(b) *no*

(c) *Romanian*

(d) *is*

(e) *evening*

(f) *train*

(g) *I have*

(h) *where*

(i) *Romania*

(j) *here*

(k) *night*

(l) *telephone*

10 Complete the blanks using **cîți** or **cîte** and write the numerals in full:

(a) _____ zile stați în România? Stau 17 zile.
(b) _____ copii aveți? Am 4 copii.
(c) _____ sticle cu bere vreți? Vreau 14 sticle.
(d) _____ prăjituri sînt aici? Sînt 12 prăjituri.
(e) _____ englezi sînt acolo? Sînt 16 englezi.
(f) _____ români sînt aici? Sînt 11 români.
(g) _____ bilete doriți? Vreau 15 bilete.

4

CUM SĂ AJUNG LA
Asking the way

In this unit you will learn

- to ask the way and understand directions
- to use some prepositions and the indefinite form of a noun
- to use the forms for *I*, *you*, *he*, *she*, *we*, *they*
- to use the verbs **a fi** *to be*, **a avea** *to have*, **a sta** *to stay*, **a merge** *to go*, **a lua** *to take*

Before you start

The simplest way to ask for directions if you are on foot is **Spre centru, vă rog** *To the centre of town, please?* If you want to go by bus or underground, in order to find out where the bus- or underground-stop is you must ask **De unde iau un autobuz/metrou spre centru, vă rog?** *Where do I catch a bus/underground for the centre of town, please?* It is a good idea to repeat the directions you have been given so that you can be corrected if you have misunderstood.

Exercițiu

Ask a passerby how you can get on foot to the following:
- (*a*) station.
- (*b*) chemist's.
- (*c*) hotel.

Cuvinte cheie

Cum merg spre gară, vă rog? How do I get to the station, please?
Mergeți drept înainte. You go straight ahead.
  la dreapta turn right
  la stînga turn left
  pînă la intersecție go up to the crossroads
  pînă la semafor go up to the traffic lights
  pe stradă go up the street
  pe bulevard go up the boulevard
Mergeți pe jos? Are you on foot?
Cu ce mergeți? How are you getting there?
Merg cu autobuzul. I am going by bus.
  cu metroul by underground
  cu mașina by car
Iau un autobuz. I am taking a bus.
Stați la coadă la tichete. You queue up for tickets.

Stați în stație. You wait at the stop.
Aveți nevoie de un tichet. You need a ticket.
  un carnet de tichete a book of tickets
De unde iau un tichet? Where do I get a ticket from?
luați tichete de la chioșc dacă you get tickets from the kiosk
aveți timp if you have time
În cît timp sînt la gară? How long will it take me to get to the station?
cam în douăzeci de minute in about 20 minutes
înainte de before
Nu-i așa? Isn't that so?
apoi then
așa este that's right
simplu simple
mai simplu simpler
lîngă beside, next to
între between

To help you classify the nouns used in this unit they are listed below with their gender and plural forms. Both the singular and plural forms of nouns are included in the **Cuvinte cheie** boxes from here onwards, e.g. **alimentară, alimentara** (f) food shop.

autobuz	autobuze (n)	bus
bulevard	bulevarde (n)	main street
carnet	carnete (n)	book of tickets
chioșc	chioșcuri (n)	kiosk
coadă	cozi (f)	queue
colonist	coloniști (m)	colonist
	est (n)	East
gară	gări (f)	station
hotel	hoteluri (n)	hotel
intersecție	intersecții (f)	crossroads
locuitor	locuitori (m)	inhabitant
mașină	mașini (f)	car
metrou	metrouri (m)	underground
milion	milioane (n)	million

minut	minute (n)	minute
neamț	nemți (m)	German
oraș	orașe (n)	town
popor	popoare (n)	people
roman	romani (m)	Roman
secol	secole (n)	century
semafor	semafoare (n)	traffic lights
stație	stații (f)	(bus/underground stop)
stradă	străzi (f)	street
tichet	tichete (n)	ticket
trecător	trecători (m)	passerby (male)
trecătoare	trecătoare (f)	passerby (female)
ungur	unguri (m)	Hungarian
urmaș	urmași (m)	descendant

 ——————— **Explicații** ———————

1 I, you, he, she, it, we and they

(a) I, you, he, she, it, we and they are called subject pronouns in English. Here are their equivalents in Romanian:

eu	I
tu	you (familiar only)
el	he (or) it
ea	she (or) it
noi	we
voi	you (collective only)
ei	they (male)
ele	they (female)

(b) The subject pronoun is placed in front of the verb to emphasise the doer of the action: **avem** we have, **noi avem** we have.

(c) The subject pronoun is always used with the verb.

(d) The subject pronouns **el, ea, ei, ele** may be used to take the place of a noun, whether it is a person, place, thing or animal, although in practice they are mostly used to indicate persons. Here is an example with an object:

Un carnet are zece bilete. *A book of tickets has ten tickets.*

El are zece bilete. *It has ten tickets.*

(*e*) The subject pronoun **el** is used to take the place of a masculine singular noun: such as **George are** *George has*, **el are** *he has*.

(*f*) The subject pronoun **ea** is used to take the place of a feminine singular noun: such as **Ana are** *Ann has*, **ea are** *she has*.

(*g*) The subject pronoun **ei** is used to take the place of two or more masculine nouns. It is also used instead of one masculine and one feminine noun. Irrespective of the number of feminine nouns, as long as their is one masculine noun **ei** must be used: **George și Ana sînt acolo** *George and Ann are there*, **ei sînt acolo** *they are there*.

(*h*) The subject pronoun **ele** is used to take the place of two feminine nouns *only*.

(*i*) In Romanian there are four subject pronouns that mean *you*:

tu	**voi**
dumneata	**dumneavoastră**

Tu is used when you are speaking to a member of your family, a close friend, or someone younger than you: **tu ești** you are.
George Porter **Bună ziua, Ana. Tu ești studentă?**

Dumneata (usually abbreviated to **d-ta** or sometimes to **mata**) is also used when addressing one person when that person is a professional colleague or a subordinate. It may be used in a friendly or scolding manner: **dumneata ești** you are.
George Porter **Bună ziua, domnul Popescu. Dumneata ești inginer?**

Voi is used to address two or more persons and usually shows that the speaker is on familiar terms with the persons addressed: **voi aveți** you have.
George Porter **Bună ziua, Ana și Nicu. Voi aveți bilete de metrou?**

If in doubt as to which you to use, choose **dumneavoastră**.

Dumneavoastră (usually abbreviated to **dvs.**) is used when addressing *one* or *more* persons and when that person is superior in age or rank to the speaker. It can also be used to address a stranger or someone you do not know well. It is respectful and courteous: **dumneavoastră sînteți** you are.
Ana **Bună ziua, domnule Porter. Dvs. sînteți profesor?**

✱ Note that **tu** and **dumneata** are used with a singular form of the verb (eg. **ești**) and **dumneavoastră** and **voi** with a plural form (**sînteți**, **aveți**).

2 Verbs

A verb is a word that expresses an action (eg. *to go*) or a state of being (*to be, to think*). Tense means time. Romanian and English verbs are divided into three phases of time: *past, present*, and *future*. A verb tense shows if an action *took* place (past), *is taking* place (present), or *will take* place (future).

In this unit you will look at the present tense of the verbs **a fi** *to be*, **a avea** *to have*, **a sta** *to stay* or *to reside*, **a merge** *to go*, **a lua** *to take*.

a fi

sînt	*I am*	**sîntem**	*we are*
eşti	*you are*	**sînteţi**	*you are*
este	*he, she, it is*	**sînt**	*they are*

a avea

am	*I have*	**avem**	*we have*
ai	*you have*	**aveţi**	*you have*
are	*he, she, it has*	**au**	*they have*

a sta

stau	*I stay, I am staying, I do stay*	**stăm**	*we stay*
stai	*you stay*	**staţi**	*you stay*
stă	*he, she, it stays*	**stau**	*they stay*

a merge

merg	*I go, I am going, I do go*	**mergem**	*we go*
mergi	*you go*	**mergeţi**	*you go*
merge	*he, she, it goes*	**merg**	*they go*

a lua

iau	*I take, I am taking, I do take*	**luăm**	*we take*
iei	*you take*	**luaţi**	*you take*
ia	*he, she, it takes*	**iau**	*they take*

✳ Notes

(*a*) *do, am, are, does, is*, which are used in English in the present tense are not translated into Romanian. Therefore **merg** can mean *I go*, or *I do go*, or *I am going*. Similarly **mergi** can mean *you go*, or *you do go*, or *you are going*.

(*b*) the *you* endings in **-i** refer to one person and those in **-ţi** to one or more persons.

(*c*) **este** has an optional form **e** which is often used in colloquial speech eg. **unde este** *where is (it)?* becomes **unde e?**. This **e** sometimes becomes **i** if preceded by a word that ends in a vowel. Thus the question **ce este?** *what is it?* is rendered in colloquial speech **ce-i?**.

(*d*) the word for *no* **nu** may be reduced before the forms of **a avea**. In such cases it is followed in writing by a hyphen:

n-am	*I don't have*	**n-avem**	*we don't have*
n-ai	*you don't have*	**n-aveți**	*you don't have*
n-are	*he, she doesn't have*	**n-au**	*they don't have*

Compare:

am	nu am	**n-am**	avem	nu avem	**n-avem**
ai	nu ai	**n-ai**	aveți	nu aveți	**n-aveți**
are	nu are	**n-are**	au	nu au	**n-au**

3 *Use of prepositions: such as on, towards*

In this unit you will have noticed such expressions as **pe stradă** *on the street* **spre gară** *towards the station*, **pînă la semafor** *as far as the traffic lights*. Words indicating position or direction like **pe, spre** are called prepositions and when they are used in Romanian they often do not require a form for *the*. Thus **stradă** means *street* and **pe stradă** *on the street*. But note that **pe o stradă** means *on a street*.

Compare:

gară	*station*	**intersecție**	*crossroads*
la gară	*at the station*	**la intersecție**	*at the crossroads*
la o gară	*at a station*	**la o intersecție**	*at a crossroads*

Dialog

Mr Porter is standing outside his hotel and asks a passerby (**un trecător**) the way to the station:

Porter	Scuzați, vă rog, cum merg spre gară?
Trecătorul	Mergeți pe jos sau cu autobuzul?
Porter	În cît timp sînt la gară dacă merg pe jos?
Trecătorul	Cam în douăzeci de minute.
Porter	Merg pe jos cam cinci minute și apoi iau un autobuz.
Trecătorul	Da, e mai simplu. Mergeți pe bulevard drept înainte pînă la intersecție unde este un semafor, și apoi la dreapta.

Lîngă farmacie, între hotel şi restaurant, este o staţie de unde luaţi un autobuz.

Porter   Cîte staţii sînt pînă la gară?

Trecătorul   Şase staţii.

Porter   Ah, mulţumesc. Şi tichet de unde iau? Am nevoie de tichet, nu-i aşa?

Trecătorul   Aşa este. Luaţi de la chioşc. Este un chioşc înainte de hotel. Staţi la coadă şi luaţi un carnet de tichete. E mai simplu.

Porter   Mulţumesc foarte mult.

Listen to, or read, the dialogue carefully and answer the questions. Tick in the box where there is a choice. You can still do the exercise if you haven't got the cassette.

(a) What is the first thing Mr Porter asks the passerby?

(b) What is the first thing the passerby asks Mr Porter?

(c) How long does it take Mr Porter to walk to the station?
☐ ten minutes. ☐ about 20 minutes.

(d) How does he go there, on foot or by bus?

(e) To walk to the bus stop must he:
☐ turn right? ☐ go straight on? ☐ go straight on and then turn right?

(f) Where is the bus-stop?
☐ between the chemist's and the hotel? ☐ by the restaurant?
☐ between the hotel and the restaurant.

(g) How many stops are there?
☐ two stops. ☐ ten stops. ☐ six stops.

(h) Does he need a bus ticket?
☐ yes. ☐ no.

(i) Where is the kiosk?
☐ at the bus stop. ☐ by the chemist's. ☐ before you get to the hotel.

România şi românii

About the year 1000 the northwestern part of Romania, called Transylvania (**Transilvania**), was conquered by the King (**rege**) of Hungary (**Ungaria**). As a result many Hungarians settled in Transylvania and their descendants (**urmaşi**), who number more than two million (**două milioane**), live today alongside the Romanians.

In the early 1200s, the King of Hungary invited German settlers (**coloniş-ti**) to Transylvania in order to help defend it against attacks from the Tatars to the east (**est**) of Romania. The Germans (**nemţi**) built citadels (**cetăţi**) and towns (**oraşe**) which were largely self-governing. At the end of the 18th century, more German settlers were brought to the area of the Banat in southwestern Romania which at that time was under the rule of Habsburg Empress Maria Theresa. At the outbreak of the Second World War the numbers of Germans, generally known as Saxons (**saşi**), had grown to more than 400,000. In the 1960s, the Romanian leader Nicolae Ceauşescu allowed large numbers of these Germans to leave the country in return for payment from their relatives in West Germany, and by the time of his overthrow there were about 200,000 left.

 ———————— **Exerciţii** ————————

1 You want to get to the station. Select your phrases from the box below and write them in the appropriate spaces in the conversation:

> (*a*) **Mulţumesc foarte mult**   (*b*) **Nu, cu autobuzul**   (*c*) **Scuzaţi, vă rog, cum merg spre gară?**   (*d*) **Merg la dreapta şi apoi la stînga, nu-i aşa?**

Dumneavoastră	____ ____ ____ ____
Un trecător	Mergeţi pe jos sau cu maşina?
Dvs.	____ ____ ____ ____
Un trecător	Mergeţi la stînga şi apoi la dreapta. Acolo este o staţie de autobuz
Dvs.	____ ____ ____ ____
Un trecător	Nu. La stînga şi apoi la dreapta
Dvs.	____ ____ ____ ____

2 Taking as a guide the information given below for getting to a restaurant, imagine yourself giving similar instructions to somebody who wants to find a hotel. Look at the map on page 36:

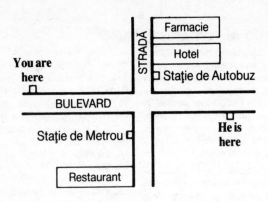

Guide Mergeți pe bulevard drept înainte pînă la intersecție, apoi la dreapta. Lîngă o stație de metrou este un restaurant.

3 Working from the map in Exercise 2, complete the following sentences using **spre, lîngă, între, pe, pînă la**:

(a) Este un hotel _____ o stație de autobuz și o farmacie.

(b) Mergeți _____ pe stradă _____ intersecție.

(c) Cum merg _____ farmacie?

(d) Este o farmacie _____ hotel.

4 Fill in the blank spaces with the correct form of **a avea, a fi, a merge, a sta, a lua**. In some cases more than one verb can be used.

(a) Dumneavoastră _____ la hotel?

(b) Cît timp _____ Victor în România?

(c) Tu _____ român.

(d) Noi _____ două tichete de autobuz.

(e) Dumneata _____ spre gară?

(f) Ei _____ englezi.

(g) Tu _____ un autobuz sau _____ pe jos?

(h) El _____ un taxi.

(i) Noi _____ nevoie de tichete.

(j) Ele _____ aici o săptămînă.

(k) Dumneavoastră _____ nevoie de taxi?

(l) Ea _____ la coadă la tichete.

(m) Eu _____ pe jos.

5 Replace the singular verb and pronoun by the corresponding plural. Example: **Cum merg eu spre stație? Cum mergem noi spre stație?**

(a) Eu stau la coadă la chioșc.

(b) El este la hotel.

(c) Ai nevoie de un tichet de autobuz?

(d) Unde merge ea?

(e) Cît timp stai în România?

(f) Iei un autobuz sau mergi pe jos?

(g) El ia un taxi.

6 Answer these questions in Romanian using the negative form of the verb, and avoid using the pronouns. Example: *Is he going to the station?* **Nu merge la gară.**

(a) Are you going to the station?

(b) Is he staying at the hotel?

(c) Does she have a bus ticket?

(d) Are they going by car?

(e) Are you Romanian?

(f) Are they students (m)?

(g) Do you want a glass of wine?

(h) Do you speak Romanian?

(i) Is he going to the chemist's?

(j) Are you taking the bus?

7 Translate the questions from Exercise 6 into Romanian using the pronouns. Example: (a) Tu/dumneata mergi Dvs./voi mergeţi spre/la gară?

8 Use the verb forms introduced in the unit in all persons without using the pronouns. Example: **sînt englez, eşti englez, este englez, sîntem englezi, sînteţi englezi, sînt englezi.**

(a) am copii.

(b) stau la hotel.

(c) merg pe jos.

(d) iau un autobuz.

5

CÎT E CEASUL?
What is the time?

In this unit you will learn

- how to distinguish the types of verb
- to use adjectives
- to count up to 1000
- to tell the time

Before you start

In order to understand the time in response to the question **Cît e ceasul?** *What is the time?*, you have to realise that both the 12-hour and the 24-hour clock are used in Romania. When answering, place **ora** (*hour*) in front of the numeral. Note that **ora** is usually omitted.
Exemplu: **Cît e ceasul, vă rog?**
    Este (ora) zece

 ——————— **Cuvinte cheie** ———————

acasă home, at home	**an, ani** (m) year
acum now	**atunci** then
alb, albă, albi, albe white	**autoritate, autorități** (f) authority
alimentară, alimentare (f) food shop	**bolnav, bolnavă, bolnavi, bolnave** ill

— 38 —

cartier, cartiere (n) district
ceas, ceasuri (n) hour, clock, wrist watch
cînd when
cu with
dacă if
deci therefore
deschis, deschisă, deschişi, deschise open
domnitor, domnitori (m) ruler
a dori to want
dulce, dulci sweet
fără without
film, filme (n) film
frumos, frumoasă, frumoşi, frumoase beautiful
invadator, invadatori (m) invader
împreună together
încă yet, still
închis, închisă, închişi, închise closed
a întreba to ask
jumătate, jumătăţi (f) half
litru, litri (m) litres
a lucra to work
magazin, magazine (n) shop
mare, mari large, big, great
măslină, măsline (f) olive
a merge to go
mic, mică, mici small

moarte, morţi (f) death
negru, neagră, negri, negre black
obositor, obositoare, obositori, obositoare tired
oră, ore (f) hour
orez (n) rice
papă, papi (m) Pope
periodă, perioade (f) period
poveste, poveşti (f) story, tale
prînz, prînzuri (n) lunch
program, programe (n) programme
provincie, provincii (f) province
a putea to be able
roşu, roşie, roşii red
sec, seacă, seci dry
sfert, sferturi (n) quarter
stăpînire, stăpîniri (f) rule
a şti to know
turc, turci (m) Turk
ţeapă, ţepi (f) stake, splinter
ulei, uleiuri (n) oil
a vedea to see
verde, verzi green
a vorbi to speak
La ce oră? At what time?
la prînz at lunch time
peste tot everywhere
Ce fel de? What kind of?
cu mine with me
cu tine with you

 ———————— **Explicaţii** ————————

1 Types of verb

Romanian verbs are divided into four main types (called conjugations). They are classified according to the ending of their *to* forms, eg. *to ask, to work*. These forms are known as infinitives.

In Romanian infinitives, **a** corresponds to *to*. Thus **a lucra** means *to work* and **a merge** means *to go*.

The endings of the four principal types of verb are: **-a, -ea, -e, -i.**

The first type, the most common, is that ending in **-a**:
a întreba *to ask*

The forms of the present tense are as follows:

întreb	*I ask*	**întrebăm**	*we ask*
întrebi	*you ask*	**întrebați**	*you ask*
întreabă	*he, she asks*	**întreabă**	*they ask*

A great many verbs of this type have endings with **-ez**:

a lucra *to work*

lucrez	*I work*	**lucrăm**	*we work*
lucrezi	*you work*	**lucrați**	*you work*
lucrează	*he, she, it works*	**lucrează**	*they work*

The second type, to which few verbs belong, ends in **-ea**:

a vedea *to see*

văd	*I see*	**vedem**	*we see*
vezi	*you see*	**vedeți**	*you see*
vede	*he, she, it sees*	**văd**	*they see*

A merge *to go*, introduced in this unit, belongs to the third type:

merg	*I go*	**mergem**	*we go*
mergi	*you go*	**mergeți**	*you go*
merge	*he, she, it goes*	**merg**	*they go*

The fourth type ends in **-i**. Most of the verbs of this type follow the pattern below:

a dori *to wish*

doresc	*I wish*	**dorim**	*we wish*
dorești	*you wish*	**doriți**	*you wish*
dorește	*he, she, it wishes*	**doresc**	*they wish*

Others, far fewer in number, are like the following:

a ști *to know*

știu	*I know*	**știm**	*we know*
știi	*you know*	**știți**	*you know*
știe	*he, she, it knows*	**știu**	*they know*

To help you remember the forms of the verbs it is useful to note that in the first type the forms for *he* and *they* are the same. Eg.

întreabă	*he asks, they ask*

and that in the other types the forms for *I* and *they* are the same. Eg.

văd	*I see, they see*
merg	*I go, they go*
doresc	*I wish, they wish*

2 Further uses of the present

In addition to those uses of the present tense listed in Unit 4 the present can also be used in Romanian to express the following:

(*a*)   the near future.

El merge mîine.   *He is going tomorrow, he'll go tomorrow.*

(*b*)   an action or state of being that occurred in the past and continues up to the present. When used in this way the amount of time that has passed is preceded by **de**.

Stăm aici de cinci ani.   *We have been living here for five years.*

Sînt bolnav de trei zile.   *I have been ill for three days.*

3 Adjectives

An adjective is a word that describes a noun, indicating its quality, size, colour, etc. Thus in the phrase *'a big, red car'* the words *big* and *red* are adjectives. In English, the adjective precedes the noun whereas in Romanian it usually follows, although there are exceptions.

Romanian, unlike English, requires the adjective to adapt its form to that of the noun. As you saw in Units 2 and 3, Romanian nouns are classified according to whether they are masculine, feminine or neuter and indicate the plural by adding a variety of endings. Romanian adjectives behave in the same way. To help you use the correct form here are a few tips.

(*a*)   In the singular most adjectives have a common form for masculine and neuter nouns, and a separate form for feminine ones.

(*b*)   In the plural adjectives may have one form for masculine nouns and a common form for feminine and neuter nouns, or a common form for all three genders.

(c) Most Romanian adjectives have four forms:

	m	f	n
singular	alb	albă	alb
plural	albi	albe	albe

Examples: **un cîine alb, o pîine albă, un vin alb.**

(d) Others have three forms:

	m	f	n
singular	mic	mică	mic
plural	mici	mici	mici

	m	f	n
singular	sec	seacă	seci
plural	seci	seci	seci

singular	obositor	obositoare	obositor
plural	obositori	obositoare	obositoare

Note that this type ending in **-tor**, which is generally derived from verbs, has a common form for feminine singular and feminine plural.

Examples:

un peşte **mic**	a small fish
peşti **mici**	small fishes
o alimentară **mică**	a small food shop
alimentare **mici**	small food shops
un program **obositor**	a tiring programme
programe **obositoare**	tiring programmes
un vin **sec**	a dry wine
vinuri **seci**	dry wines

(e) Yet others have two forms:

	m	f	n
singular	mare	mare	mare
plural	mari	mari	mari

	m	f	n
singular	dulce	dulce	dulce
plural	dulci	dulci	dulci

Examples:

o fată **dulce**	a sweet girl

fete **dulci**	*sweet girls*
o maşină **mare**	*a large car*
maşini **mari**	*large cars*
un cartier **mare**	*a large borough*
cartiere **mari**	*large boroughs*

4 More numbers

(a) The numbers from 21 to 30:

21	**douăzeci şi unu** or **douăzeci şi una**
22	**douăzeci şi doi** or **douăzeci şi două**
23	**douăzeci şi trei**
24	**douăzeci şi patru**
25	**douăzeci şi cinci**
26	**douăzeci şi şase**
27	**douăzeci şi şapte**
28	**douăzeci şi opt**
29	**douăzeci şi nouă**
30	**treizeci**

(b) The numbers up to 100 follow the same pattern, the multiples of ten from 40 to 90 are as follows:

40	**patruzeci**
50	**cincizeci**
60	**şaizeci**
70	**şaptezeci**
80	**optzeci**
90	**nouăzeci**

Examples:

35	**treizeci şi cinci**	73	**şaptezeci şi trei**
47	**patruzeci şi şapte**	99	**nouăzeci şi nouă**
54	**cincizeci şi patru**		

(c) The numbers from 100 are:

100	**o sută**
200	**două sute**
300	**trei sute**, etc.
1000	**o mie**
2000	**două mii**
3000	**trei mii**

1,000,000	un milion
2,000,000	două milioane

Here are several more examples:

201	două sute unu, două sute una
114	o sută paisprezece
365	trei sute şaizeci şi cinci
1992	o mie nouă sute nouăzeci şi doi
12353	douăsprezece mii trei sute cincizeci şi trei

(d) Don't forget that from 20 upwards **de** is used to link the numbers to a noun:

treizeci de lei	*30 lei (currency)*
o sută de kilometri	*100 kilometres*
două sute cincizeci de kilograme	*250 kilos*
douăzeci de mii de oameni	*20,000 people*
cinci milioane de dolari	*5 million dollars*
trei miliarde de lire sterline	*3 billion pounds*

(e) When expressing years, eg. 1992, Romanian uses the formula *one thousand nine hundred ninety-two*: **o mie nouă sute nouăzeci şi doi**.

(f) In Romanian, a comma is used where a decimal point is found in English, Eg. **3,4** *3.4*. A full stop is used to distinguish thousands Eg. **4.300** *4,300*.

5 Telling the time

As you saw at the beginning of this unit, you place **ora** in front of the numeral to express the time in Romanian:

este ora patru   *it is four o'clock*

Ora is often omitted and **este** reduced to **e**.

e patru	*it's four*
e cinci	*it's five*
e cinci şi zece	*it's ten minutes past five*
e cinci şi un sfert	*it's a quarter past five*
e cinci şi jumătate	*it's half past five*
e şase fără un sfert	*it's a quarter to six*
e şase fără zece	*it's ten to six*

✳ Note that **e cinci şi jumătate** is commonly reduced in conversation to

e cinci jumate and that **unu, două and douăsprezece** are used respectively for *one*, *two* and *12*.

e unu	*it's one (o'clock)*
e două fix	*it's precisely two*
la două	*at two*
pînă la două	*by two*
pe la unu	*about one*

România și românii

Little in their history has given the Romanians cause for celebration. They frequently suffered at the hands of a succession of invaders (**invadatori**) and have lived for long periods under foreign rule (**stăpînire**). About the year 1000 Transylvania was conquered by the King of Hungary and, except for a brief period (**perioadă**) in the 16th century, remained under Hungarian control (**autoritate**) until 1918. Moldavia and Wallachia were created in the 1400s and both were ruled by Romanian princes (**domnitori**). The best known of these are remembered by the Romanians for their attempts to defend their domains against invaders from the north (**nord**) and south (**sud**) such as the Poles (**polonezi**) and Turks (**turci**). Stephen the Great (**Ștefan cel Mare**), Prince of Moldavia, defeated the Turks on several occasions and managed to keep Moldavia independent until his death (**moarte**) in 1504. In recognition of his exploits Stephen was called *The Athlete of Christ* by the Pope (**papă**).

The most celebrated, or rather, notorious ruler of Wallachia is Vlad Dracula the Impaler (**Vlad Țepeș**). Like his contemporary Stephen the Great, he fought against the Turks to keep Wallachia independent. Contemporaries wrote of his extreme cruelty towards prisoners whom he punished by impaling them on wooden stakes. His notoriety led the 19th-century novelist Bram Stoker to borrow the name of Dracula for the principal character in his horror story of the same name.

The points of the compass are:

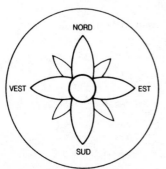

la sud de Londra *to the south of London;* **la nord de București** *to the north of Bucharest.*

Dialog

George asks Ion about how and when to buy some wine.

George Ştii cînd este deschis la o alimentară, în centru?
Ion E deschis între opt dimineaţa şi opt seara.
George Peste tot e deschis la opt?
Ion Nu. Depinde de magazin.
George Vreau vin, un litru de ulei, o jumătate de kilogram de măsline şi un sfert de kilogram de orez.
Ion La ce oră mergi la alimentară? Pot merge cu tine dacă vrei.
George Lucrez acasă între nouă şi douăsprezece, deci pot merge la prînz.
Ion Atunci nu pot eu. Ce fel de vin vrei, sec sau dulce?
George Vin roşu sec şi vin alb dulce.
Ion Poţi lua vin bun de la un magazin din cartier. Vrei măsline mari, negre sau măsline verzi?
George Măsline negre în ulei.
Ion Poţi lua şi măsline frumoase de aici, din cartier.
George Cît e ceasul, te rog? Dacă nu e încă nouă, merg acum. Am timp.
Ion E opt şi un sfert. Mergem împreună.

pot	I can (from verb *to be able to*, see Unit 7 page 58)
vrei	you want (from verb *to want to*, see Unit 7 page 57)

Exerciţii

1 Listen to, or read, the dialogue again and write down the times mentioned.

2 True or false?
   (*a*) George asks when the grocer's closes.
   (*b*) Ion says it closes at 9pm.
   (*c*) George is working between 9am and 12am.
   (*d*) George would like to buy a bottle of sweet white wine.
   (*e*) George wants to buy black olives in oil.
   (*f*) George will go to the grocer's with his friend.
   (*g*) Ion tells George that it is 10.30am.

3   Fill in the right time:

opt fără un sfert   **șapte și douăzeci**   **unu jumate**
                            și cinci

două și un sfert   **trei și zece**   **douăsprezece**
                                                 fără douăzeci

4   Complete the blanks
   (*a*) Ion vorb _____ cu tine.
   (*b*) Eu nu şti _____ cît e ceasul.
   (*c*) Nu lucr _____ el?
   (*d*) Dumneavoastră întreb _____ unde este o alimentară.
   (*e*) Tu pot _____ lua autobuzul.
   (*f*) Cîte ore lucr _____ dumneavoastră?
   (*g*) Ei şti _____ cît costă o sticlă cu vin.
   (*h*) Noi dor _____ un litru de ulei.
   (*i*) Dumneavoastră ved _____ o stație de metrou?
   (*j*) Nu put _____ merge împreună.
   (*k*) Eu lucr _____ opt ore.
   (*l*) Ele vorb _____ mult.

5   Find out in the puzzle whether the restaurant is open or closed, and
    between which hours:

șeptșaiesoîechsirensit

6   Match the words in both columns:
   (*i*)   unde   (*a*) vorbește ea?
   (*ii*)   cît   (*b*) ore lucrați?
   (*iii*) cu cine   (*c*) ceasul?

(iv) ştiţi   (d) costă un kilogram de măsline?
(v) cîte   (e) lucraţi?
(vi) cît este   (f) unde este o alimentară?

7 Complete the blanks with the correct form of the adjectives **bun, mare, mic, sec, dulce, obositor**. Use as many adjectives as possible.
  (a) Este un program _____.
  (b) Vreţi o cafea _____?
  (c) Sînt băieţi _____.
  (d) Ion vrea măsline _____.
  (e) Doriţi o sticlă cu vin _____?
  (f) Vorbesc cu o doamnă _____.

 8 Translate into Romanian:
  (a) I can go with you.
  (b) They can work between 8.30am and 3pm.
  (c) We can speak with him.
  (d) You can take the bus from the hotel.
  (e) He can ask where there is a taxi rank.
  (f) You can stay at the hotel.

6

RECAPITULARE
Revision

1 On the tape you will hear George counting money. Write down in figures each of the amounts mentioned. If you do not have the cassette write out the numerals 20, 30 and so on to 100.

2 Formulate questions to match these answers:
   (a) Vreau o cafea şi o bere rece.
   (b) Nu avem aspirine, îmi pare rău.
   (c) Asta costă 96 de lei.
   (d) Mă numesc Ion Georgescu.
   (e) Nu sîntem români, sîntem englezi.
   (f) Avem doi copii.
   (g) Stăm aici o săptămînă.
   (h) Puteţi lua tichete de la chioşc.
   (i) Merg cu autobuzul.

3 Using the 24-hour clock write the following down in letters:
   12.15 am, 17.45, 13.30, 14.50, 20.20, 22.00.

4 Provide all the information you can about yourself.
   Example: mă numesc Ana, sînt studentă, am douăzeci de ani.

5 Ask for directions to get to a chemist's, a tube station, a hotel and a grocer's.
   Example: cum merg spre o farmacie.

6 Using the map here answer the questions put in Exercise 5.

7 Translate into English:
Mă numesc John Smith. Sînt englez. Sînt căsătorit şi am doi copii, o fată şi un băiat. Nu vorbesc bine româneşte. Stau în România două sau trei săptămîni. Dumneavoastră cum vă numiţi? Aveţi copii?

8 Translate into Romanian:
Where do we catch a bus for the station, please? We need bus tickets. Where can we get tickets from? We do not have time to queue up. Can we go on foot? How long will it take us to get to the station if we go on foot?

9 Seek out the words which introduce the following questions:
   (a) copii aveţi?
   (b) este o staţie de metrou?
   (c) este deschisă alimentara?
   (d) e ceasul, vă rog?
   (e) staţii sînt pînă la gară?

10 Reply to the questions following the example:
Example: Vorbiţi româneşte? Da, vorbesc.
   (a) Vorbiţi româneşte? Da, _____
   (b) Eşti englez? Da, _____
   (c) Mergi la Cluj? Da, _____
   (d) Plăteşti? Da, _____
   (e) Pleci acuma? Da, _____
   (f) Vezi un taxi? Da, _____
   (g) Vrei o cafea? Da, _____
   (h) Ai maşină? Da, _____

11 Use **nu.**
Example: Stai mult? Nu, nu stau mult.
   (a) Stai mult? Nu, nu _____
   (b) Costă 20 de lei? Nu, nu _____
   (c) Ai copii? Nu, nu _____
   (d) Mergi cu autobuzul? Nu, nu _____
   (e) Ai un telefon? Nu, nu _____
   (f) Poţi lua tichete de la chioşc? Nu, nu _____
   (g) Vă numiţi Ion? Nu, nu _____
   (h) Pleacă la ora 6? Nu, nu _____

7

CĂUTÎND CAMERĂ
LA HOTEL
Finding somewhere to stay

In this unit you will learn

- to say *the* in Romanian
- to address people
- to use reflexive verbs
- to use the subjunctive
- to say *also, still, another*

Before you start

In Romania, you will see many signs **De închiriat** meaning *to rent, to let, to hire*. You can rent cars, houses, and flats. In the newspapers you'll find advertisements offering different things for hire or for rent. Exemplu: **De închiriat: apartament cu două camere, central.** *To let: two-room flat, centrally situated.*

Cuvinte cheie

agenție, agenții (f) agency	**cald, caldă, calzi, calde** warm
apartament, apartamente (n) flat,	**a căuta** to look for
apartment	**a cere** to ask

cinema (n) cinema	**recepționistă, recepționiste** (f)
comod, comodă, comozi, comode	receptionist
comfortable	**a repara** to repair
convenabil, convenabilă,	**scump, scumpă, scumpi, scumpe**
convenabili, convenabile	expensive, dear (affectionate)
convenient, suitable	**a se spăla** to wash
a cumpăra to buy	**special, specială, speciali, speciale**
dar but	special
direct directly	**stricat, stricată, stricați, stricate**
a se duce to go	damaged, out of order
duș, dușuri (n) shower	**și** and, also, too
film, filme (n) film	**tată, tați** (m) father
frig (n) cold	**tot** also, still, continuously
garaj, garaje (n) garage	**a trebui** to have to
a găsi to find	**a se uita (la)** to look (at)
ieftin, ieftină, ieftini, ieftine cheap	**a vrea** to want
incomod, incomodă, incomozi,	**ziar, ziare** (n) daily newspaper
incomode inconvenient	**chiar dacă** even if
a închiria to hire, to rent, to let	**destul de** fairly
lift, lifturi (n) lift	**de închiriat** to let
mai still, in addition	**mai ușor** easier
mamă, mame (f) mother	**merge** it works
a parca to park	**mica publicitate** small ads
președinte, președinți (m) president	**pentru că** because
recepționist, recepționiști (m)	
receptionist	

 ——————— **Explicații** ———————

1 The

In Unit 2, you were introduced to **un** and **o** (*a* or *an*). Grammatically speaking, *a* and *an* are known as indefinite articles. *The* is called the definite article. Unlike in English, or in most European languages, there isn't a separate word for *the* in Romanian; *the* is expressed by adding an ending to the noun and this ending changes to indicate whether the noun is singular or plural, masculine, feminine or neuter.

Adopting the pattern of presentation of *a* forms in Units 2 and 3, we can classify the *the* forms of the Romanian noun as follows:

(a) masculine nouns ending in a consonant:
   românul   *the Romanian*
   românii   *the Romanians*

(b) masculine nouns ending in a vowel:
   cîinele   *the dog*   **metrul**   *the metre*
   cîinii   *the dogs*   **metrii**   *the metres*
   leul   *the lion, (the unit of currency)*
   leii   *the lions, (the units of currency)*

Note:
   tatăl   *the father*
   tații   *the fathers*

(c) feminine nouns ending in -ă:
   sticla   *the bottle*
   sticlele   *the bottles*

(d) feminine nouns ending in -e:
   berea   *the beer*
   berile *the beers*

(e) feminine nouns ending in -ură:
   prăjitura   *the tea cake*
   prăjiturile *the tea cakes*

(f) feminine nouns ending in -ie:
   cofetăria   *the coffee house*
   cofetăriile *the coffee houses*

(g) feminine nouns ending in -ea:
   cafeaua   *the coffee*
   cafelele *the coffees*

(h) neuter nouns ending in a consonant:
   biletul   *the ticket*   **trenul**   *the train*
   biletele   *the tickets*   **trenurile** *the trains*

(i) neuter nouns ending in a vowel:
   taxiul   *the taxi*   **biroul**   *the office*
   taxiurile   *the taxis*   **birourile** *the offices*

(j) Some further observations about *the* in Romanian:
As pointed out in Unit 4 words indicating position or direction like **pe** or **spre** do not require a form for *the*. Thus **pe stradă** means *on the*

street. However, there is one exception: **cu** meaning *with* or *by* can be followed by a noun expressing *the*. Thus in the dialogue you will see the example **cu recepţionista** *with the receptionist*.

Compare:

Sînt la hotel, în cameră.	*I am at the hotel in my room.*
Sîntem la poştă, la coadă.	*We are at the post-office, in a queue.*
Ea este la bazin.	*She is at the swimming pool.*
with: **Plecăm cu maşina.**	*We are leaving by car.*
Mergem cu metroul.	*We are going on the underground.*

However, words like **pe** and **spre** do require the *the* form when the noun is qualified:

sînt la hotel	*becomes*	sînt la hotel**ul Bucureşti**
este în cameră		este în camera **502**
plecăm la poştă		plecăm la poşt**a centrală**

2 Addressing people

When referring to a person by name or title, eg. *Mr Popescu, Mrs Popescu, Miss Popescu, Dr Popescu, President Popescu*, the *the* forms of the title are used:

domnul Popescu **doamna** Popescu **domnişoara** Popescu
doctorul Popescu **preşedintele** Popescu

However, when you call out to them, or summon them, or simply address them in the street a form of the noun called the vocative is used. In Unit 1 you met:

domnule Porter doamnă Enescu

which are vocative forms. You will see that male titles receive the ending **-e** and some female titles **-ă**.

Here are some more examples of male titles:

Nicu	becomes		**Nicule!**	*Nick!*
Radu	becomes		**Radule!**	*Radu!*
Dan	becomes		**Dane!**	*Dan!*
but **Mihai**	remains		**Mihai!**	*Michael!*
domnul	becomes	either	**domnule!**	*Sir!*
		or	**Doamne!**	*Lord!*
domnule profesor!		rather than	*Profesore!*	

domnule doctor!   rather than   *Doctore!*

Note the unusual: **Tată!** *Dad*

With feminine names either the indefinite form is used as in the following:

doamnă Enescu!	*Mrs Enescu!*
mamă!	*mum!, mother!*
doamnă doctor!	
doamnă profesor!	

or **-a** and **-o** can be used instead of **-ă**:

Ana! = Ano!	*Ann!*
Elena! = Eleno!	*Helen!*
Maria! = Mario!	*Maria!*

In the plural we may find either:

băieți! or **băieților!**	*lads!*
copii! or **copiilor!**	*children!*

but simply:

doamnelor și domnilor!	*ladies and gentlemen!*

3 Reflexive verbs

A reflexive verb expresses an action that is turned back upon the subject, eg. *I wash myself. Myself* is called a reflexive pronoun in English. The equivalent phrase in Romanian is **mă spăl. Mă** means *myself*.

We have already used some reflexive forms in Unit 3: **Mă numesc** *my name is* can also be translated as *I call myself*. Similarly, **cum vă numiți?** *what is your name* has the additional meaning of *what do you call yourself*.

(a) A reflexive verb in Romanian is made up of the verb preceded by the required form of the reflexive pronouns. The reflexive pronouns in Romanian are:

mă	myself	**ne**	ourselves
te	yourself	**vă**	yourselves, yourself
se	himself, herself, itself	**se**	themselves

It is the form **se** that appears in the *to* form of all reflexive verbs. Thus *to wash oneself* is **a se spăla**.

(b) You must take care to use the appropriate reflexive pronoun, the one that matches *I, you, he, she, it, we* and *they*. You already know these forms in Romanian from Unit 4. Here they are again, beside the reflexive pronouns:

eu mă	noi ne
tu te	voi (dumneavoastră) vă
el se	ei se
ea se	ele se

❋ Note that **el, ea, ei, ele** all take the same reflexive form **se**.

(c) In many instances a verb that is reflexive in Romanian is also reflexive in English: **A se spăla** *to wash oneself* is an example. Here are its forms:

a se spăla
mă spăl	*I wash myself*	ne spălăm	*we wash ourselves*
te speli	*you wash yourself*	vă spălaţi	*you wash yourselves*
se spală	*he or she washes himself*	se spală	*they wash themselves*

(d) There are, however, several exceptions. In this unit we shall meet two verbs which are reflexive in Romanian but not in English. They are: **a se duce** *to go* and **a se uita** *to look*.
A se uita belongs to the first type of verb ending in -a:

mă uit	*I look*	ne uităm	*we look*
te uiţi	*you look*	vă uitaţi	*you look*
se uită	*he, she, it looks*	se uită	*they look*

A se duce belongs to the third type of verb ending in -e:

mă duc	*I go*	ne ducem	*we go*
te duci	*you go*	vă duceţi	*you go*
se duce	*he, she, it goes*	se duc	*they go*

(e) Common reflexive phrases.
Cum se spune? = Cum spunem? *How do we say?*
Cum se traduce? = Cum traducem? *How do we translate?*
Cum se scrie? = Cum scriem? *How do we write?*
Cum se cere? = Cum cerem? *How do we ask for?*

4 *The subjunctive*

In Romanian a special form of the verb is used in the *third* person in phrases which are linked by the word **să**. In most cases **să** is translated in English by *to*. This special form of the verb is known technically as the subjunctive and it differs from the non-subjunctive (so-called indicative) forms which you have met up to now only in the third person. Here are some examples. Note that the special form only occurs when preceded by **să** and that it is identical in the singular and plural:

el are	*he has*	**el vrea să aibă**	*he wants to have*
ei au	*they have*	**ei vor să aibă**	*they want to have*
el întreabă	*he asks*	**el vrea să întrebe**	*he wants to ask*
ei întreabă	*they ask*	**ei vor să întrebe**	*they want to ask*
el lucrează	*he works*	**el vrea să lucreze**	*he wants to work*
ei lucrează	*they work*	**ei vor să lucreze**	*they want to work*
el vede	*he sees*	**el vrea să vadă**	*he wants to see*
ei văd	*they see*	**ei vor să vadă**	*they want to see*
el merge	*he goes*	**el vrea să meargă**	*he wants to go*
ei merg	*they go*	**ei vor să meargă**	*they want to go*
el ştie	*he knows*	**el vrea să ştie**	*he wants to know*
ei ştiu	*they know*	**ei vor să ştie**	*they want to know*
el citeşte	*he reads*	**el vrea să citească**	*he wants to read*
ei citesc	*they read*	**ei vor să citească**	*they want to read*

(a) Unlike any other verb **a fi** *to be* has a complete set of special forms when preceded by **să**:

vreau să fiu	*I want to be*	**vrem să fim**	*we want to be*
vrei să fii	*you want to be*	**vreţi să fiţi**	*you want to be*
vrea să fie	*he wants to be*	**vor să fie**	*they want to be*

Note also the forms above of the verb **a vrea** *to want*.

(b) Certain verbs are usually followed by **să**. Two of the most common are **a trebui** *to have to, must* and **a putea** *to be able*. In the present tense **a trebui** has a single form:

trebuie să găsesc	*I must find*	**trebuie să găsim**	*we must find*

trebuie să găsești	you must find	trebuie să găsiți	you must find
trebuie să găsească	he must find	trebuie să găsească	they must find
pot să găsesc	I can find	putem să găsim	we can find
poți să găsești	you can find	puteți să găsiți	you can find
poate să găsească	he can find	pot să găsească	they can find

(c) A number of expressions are followed by să:

E mai ușor să închiriez o mașină. *It is easier (for me) to hire a car.*

E mai comod să mergem pe jos. *It is more convenient (for us) to go on foot.*

5 Mai, și, tot

You have already met **mai** with its meaning of *more* and **și** with its meaning of *and*. Both are commonly used in everyday speech with other meanings. Below are some examples. Note their position in Romanian. It does not often correspond to its equivalent in English.

Mai vreți o cafea? *Do you want another cup of coffee?*

Mai stați aici? *Are you going to stay any longer?*

George se mai uită la film. *George is still watching the film.*

Ana merge la cinema. Și George merge. *Ann is going to the cinema. George is going too.*

Și George și Ana merg la cinema. *Both George and Ann are going to the cinema.*

Tot can mean *too*, *still* or *continuously*.

Ana merge tot la cinema. *Ann is going to the cinema too.*

Ana tot merge la cinema. *Ann keeps going to the cinema.*

Ana tot nu vorbește englezește. *Ann still doesn't speak English.*

România și românii

One of the figures of history whom the Romanians celebrate is Michael the Brave (**Mihai Viteazul**) who for the briefest of periods at the beginning of the 17th century brought all Romanians together under one ruler. After he came to the throne of Wallachia in 1593 Michael rose against the Turks and defeated them in the same year. Following this success Michael crossed the Carpathian mountains (**munții Carpați**) into Transylvania, defeated its Hungarian prince, and entered the capital Alba Iulia in 1600 as the ruler of Wallachia, Moldavia and Transylvania. This was the first time that the Romanians in all three provinces were nominally united but the union was shortlived. In 1601 Michael was murdered and each of the three provinces reverted to separate rule.

In 1812 the eastern half of Moldavia, with its mainly Romanian population, was annexed by the Tsar of Russia and renamed Bessarabia (**Basarabia**). It remained under Russian rule until 1918. In 1859 the rump of Moldavia and Wallachia were united and were given the name Romania. In 1878 the province of Dobrogea (**Dobrogea**) on the Black Sea, which in the 15th century had been captured by the Turks and which had many Romanian inhabitants, was surrendered to Romania after a war (**război**) between the Turks and the joint armies of Russia and Romania. This expansion of Romania was literally crowned three years later by the coronation of Charles, a German prince, as Carol I, the first King of Romania.

Dialog

George can't stay at the hotel much longer and he wants to find a flat to rent but he doesn't know how to go about it.

George   Trebuie să găsesc un apartament. Nu mai vreau să stau la hotel.

Ana   De ce? E prea scump?

George   Da, e foarte scump. Și nu e în centru. Este destul de incomod pentru că nu am nici autobuz direct spre centru, nu merge liftul și dușul e stricat. Și este foarte cald!

Ana   Trebuie să ceri să repare liftul și dușul. De ce nu vorbești cu recepționista?

George   E mai comod să închiriez un apartament în centru. Pot să închiriez și o mașină dacă am garaj.

Ana	Chiar dacă nu găsești o casă cu garaj, poți să parchezi pe stradă.
George	Așa este. Știi cumva unde să mă duc să caut un apartament de închiriat?
Ana	Sînt agenții speciale. Dar e mai ușor să cumperi un ziar și să vezi dacă nu găsești ceva convenabil la mica publicitate.
George	Și mașină?
Ana	Trebuie să te uiți tot la mica publicitate.

 ———————— **Exerciții** ————————

 1 Listen to the dialogue and answer the following questions. If you do not have the cassette refer to the text.
   (*a*) Why does George want to move from the hotel?
   (*b*) What does Ana suggest he do to improve things?
   (*c*) What is George intent on doing?
   (*d*) Where does Ana tell George to look for a flat?

2 True or false?
   (*a*) George is looking for a house.
   (*b*) The room in the hotel is cheap.
   (*c*) There is not a direct bus to the centre of town.
   (*d*) The shower does not work.
   (*e*) George wants to rent a car and nothing else.

3 Write the form with *the* in Romanian for each noun.
   Example: bilet, biletul.
   (*a*) bilet   (*f*) cafele
   (*b*) sticlă   (*g*) lei
   (*c*) taxi   (*h*) dușuri
   (*d*) cîine   (*i*) mașini
   (*e*) cofetării   (*j*) domn

4 Write the singular *the* form in Romanian for each noun.
   Example: munții, muntele.
   (*a*) munții   (*f*) autobuzele
   (*b*) centrele   (*g*) apartamentele
   (*c*) cofetăriile   (*h*) străzile
   (*d*) englezii   (*i*) hotelurile
   (*e*) orașele   (*j*) agențiile

5 Translate into English.
  (a) Trebuie să găsim un apartament şi o maşină de închiriat.
  (b) Este prea cald să mergem pe jos.
  (c) Ei nu mai vor să stea la hotel şi vor să găsească un apartament.
  (d) Liftul şi duşul sînt stricate şi trebuie să vorbim cu recepţionista.
  (e) Unde pot să parchez maşina?
  (f) Casa are garaj?

6 Supply the required subjunctive forms of the verbs in brackets.
  Example: nu mai vrea să stea.
  (a) George nu mai vrea să _____ la hotel (**a sta**).
  (b) Vor să _____ ceva ieftin (**a găsi**).
  (c) E mai comod pentru tine să _____ un apartament (**a închiria**).
  (d) El trebuie să _____ un ziar (**a lua**).
  (e) Unde poate să _____ o agenţie? (**a fi**).
  (f) Dumneavoastră trebuie să _____ liftul (**a repara**).
  (g) Puteţi să _____ pe jos (**a merge**).
  (h) Vrem să _____ o maşină (**a cumpăra**).

7 Translate into English.
  (a) Mai aveţi timp să reparaţi şi liftul?
  (b) Mergeţi tot pe jos?
  (c) Şi el vine la hotel.
  (d) Ei tot nu vorbesc bine englezeşte.
  (e) Nu mai pot să stau la coadă la bilete.
  (f) Şi dumneavoastră vreţi să vă uitaţi la mica publicitate?
  (g) Mai doriţi o cafea?
  (h) Mai vrei să te duci acolo?

8 Fill in the blanks using the correct form of the reflexive pronoun.
  Example: Eu mă duc la hotel.
  (a) Eu _____ duc la hotel.
  (b) Tu unde _____ duci?
  (c) Vrem să _____ ducem la restaurant.
  (d) _____ duceţi acolo cu maşina?
  (e) Ei unde trebuie să _____ ducă?
  (f) Vlad _____ uită la televizor.
  (g) _____ uit la ei.

9 Convert the following.
   Example: Unde este un restaurant? Unde este restaurantul?
   (*a*) Unde este un restaurant?
   (*b*) Unde este un magazin?
   (*c*) Unde este o berărie?
   (*d*) Unde este o farmacie?
   (*e*) Unde este o stație de metrou?

8

PLANURI DE VIITOR
Planning Ahead

In this unit you will learn

- to use the future tense
- the *to* and *of* forms of nouns
- the days of the week and the months
- how to say *in* and *at*

Before you start

Note that the days of the week are feminine, but that the months, despite their appearance, are masculine. Exemplu: **un septembrie frumos, un octombrie superb** *a beautiful September, a superb October.*

 ——————— **Cuvinte cheie** ———————

afacere, afaceri (f) business	**dimineață, dimineți** (f) morning
aseară yesterday evening	**duminică** (f) Sunday
august (m) August	**expoziție, expoziții** (f) exhibition
calea ferată, căi ferate (f) railway	**februarie** (m) February
a crede to believe	**greu, grea, grei, grele** heavy,
a da to give	difficult

idee, idei (f) idea
ieri yesterday
joi (f) Thursday
liber, liberă, liberi, libere free,
vacant
lung, lungă, lungi, lungi long
luni (f) Monday
mare, mări (f) sea
martie (m) March
marți (f) Tuesday
miercuri (f) Wednesday
munte, munți (m) mountain
muzeu, muzee (n) museum
nişte some
noapte, nopți (f) night
pachet, pachete (n) packet, parcel
partener, parteneri (m) partner
parteneră, partenere (f) partner
pămînt, pămînturi (n) earth
plimbare, plimbări (f) walk
preț, prețuri (n) price
prieten, prieteni (m) friend
prin through
răcoare (f) coolness
război, războaie (n) war
săptămînă, săptămîni (f) week
a scrie to write

scrisoare, scrisori (f) letter
seară, seri (f) evening
sfîrşit, sfîrşituri (n) end
sîmbătă (f) Saturday
spital, spitale (n) hospital
şcoală, şcoli (f) school
telefon, telefoane (n) telephone,
telephone call
timbru (n) stamp
trecut, trecută, trecuți, trecute
past, last
a trimite to send
următor, următoare, următor,
următoare following
viitor, viitoare, viitori, viitoare
future, next
vineri (f) Friday
a avea de gînd să to intend to, to
think of (doing)
a avea dreptate to be right
a da un telefon to make a telephone
call
în străinătate abroad
a merge la mare to go to the seaside
a merge la munte to go to the
mountains

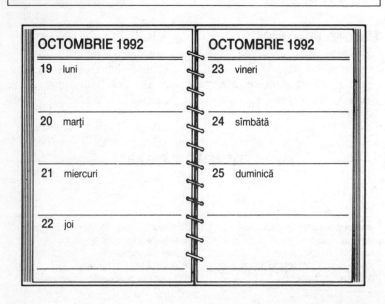

OCTOMBRIE 1992	OCTOMBRIE 1992
19 luni	23 vineri
20 marți	24 sîmbătă
21 miercuri	25 duminică
22 joi	

⊙———————— **Explicații** ————————

1 The future

In Unit 5, you saw that the present tense could be used in Romanian to express the near future: **ea merge mîine** *she is going tomorrow, she'll go tomorrow.*

Future time, however, even the near future, is more commonly expressed in everyday speech by using the verb forms with **să** which you met in the previous unit preceded by **o** which does not change. Here are examples using the verb types seen previously:

o să întreb	*I will ask*	o să întrebăm	*we will ask*
o să întrebi	*you will ask*	o să întrebați	*you will ask*
o să întrebe	*he, she will ask*	o să întrebe	*they will ask*
o să lucrez	*I will work*	o să lucrăm	*we will work*
o să lucrezi	*you will work*	o să lucrați	*you will work*
o să lucreze	*he, she will work*	o să lucreze	*they will work*
o să văd	*I will see*	o să vedem	*we will see*
o să vezi	*you will see*	o să vedeți	*you will see*
o să vadă	*he, she will see*	o să vadă	*they will see*
o să merg	*I will go*	o să mergem	*we will go*
o să mergi	*you will go*	o să mergeți	*you will go*
o să meargă	*he, she will go*	o să meargă	*they will go*
o să știu	*I will know*	o să știm	*we will know*
o să știi	*you will know*	o să știți	*you will know*
o să știe	*he, she will know*	o să știe	*they will know*
o să citesc	*I will read*	o să citim	*we will read*
o să citești	*you will read*	o să citiți	*you will read*
o să citească	*he, she will read*	o să citească	*they will read*

2 To a, of a

In Unit 2, you met **un** and **o** to express *a* or *an*. When you want to indicate *to a*, as in *I give to a Romanian* or *of a* as in *the car of a Romanian woman*, *a Romanian woman's car* the forms of **un** and **o** change respectively to **unui** and **unei**:

    unui român   *to/of a Romanian*

| unei românce | to/of a Romanian woman |

However, note that while the form of **român** remains unchanged cf. **un român** *a Romanian*, that of **românce** has modified cf. **o româncă** *a Romanian woman*, and is in fact the same as the plural form (**românce** also means *Romanian women*). To help you use the correct feminine form of the noun with **unei** just remember that it is always the same as the plural.

To indicate *of* or *to* with plural nouns both **un** and **o** change to the same form **unor**:

| unor români | to/of (some) Romanians |
| unor românce | to/of (some) Romanian women |

Romanian, instead of using two words *to a*, *of a*, as in English, indicates these meanings by changing the endings of **un** and **o**. Here are some examples with, for comparison, the **un** and **o** forms.

(a) Masculine nouns

un cîine	a dog
unui cîine	to/of a dog
unor cîini	to/of (some) dogs
un prieten	a friend
unui prieten	to/of a friend
unor prieteni	to/of (some) friends

(b) Feminine nouns

o maşină	a car
unei maşini	to/of a car
unor maşini	to/of (some) cars
o carte	a book
unei cărţi	to/of a book
unor cărţi	to/of (some) books
o cofetărie	a coffee shop
unei cofetării	to/of a coffee shop
unor cofetării	to/of (some) coffee shops
o cafea	a coffee
unei cafele	to/of coffee
unor cafele	to/of (some) cups of coffee

(c) Neuter nouns

| un tren | a train |

unui tren	*to/of a train*
unor trenuri	*to/of (some) trains*
un fotoliu	*an armchair*
unui fotoliu	*of/to an armchair*
unor fotolii	*of/to (some) armchairs*

In the above examples you have seen that the form **unor** can mean *of/to some* thing or another. There is no special form of **un** or **o** for just *some*; instead the word **niște**, which remains invariable, is used eg. **niște fotolii** *some armchairs*.

(d) Uses of the *to* and *of* forms

The *to* forms are most commonly found in use with verbs such as *to give to, to send to, to write to*:

Dau bani unui prieten.	*I am giving money to a friend.*
Trimitem un pachet unor colegi.	*We are sending a packet to some colleagues.*
De ce nu scrii unei prietene?	*Why don't you write to a girl friend?*

The *of* forms also denote possession:

cărțile unor studenți	*the books of some students*
mașina unei studente	*a student's car*
prețul unei beri	*the price of a beer*

(e) Adjectives

As pointed out in Unit 5 page 41, Romanian requires adjectives to adapt their forms to those of the noun. And so just as the endings of nouns change to indicate the *to* and *of* forms, so too do those of adjectives accompanying the nouns. Study these examples of adjectives used with the nouns given above:

Masculine

un cîine mare	*a big dog*
unui cîine mare	*to/of a big dog*
unor cîini mari	*to/of (some) big dogs*
un prieten bun	*a good friend*
unui prieten bun	*to/of a good friend*
unor prieteni buni	*to/of (some) good friends*
un copil obositor	*a tiring child*
unui copil obositor	*to/of a tiring child*
unor copii obositori	*to/of (some) tiring children*

Feminine

o maşină mare	*a big car*
unei maşini mari	*to/of a big car*
unor maşini mari	*to/of (some) big cars*
o carte bună	*a good book*
unei cărţi bune	*to/of a good book*
unor cărţi bune	*to/of (some) good books*
o cafea mică	*a small coffee*
unei cafele mici	*to/of a small coffee*
unor cafele mici	*to/of (some) small cups of coffee*
o zi obositoare	*a tiring day*
unei zile obositoare	*to/of a tiring day*
unor zile obositoare	*to/of tiring days*

Neuter

un tren lung	*a long train*
unui tren lung	*to/of a long train*
unor trenuri lungi	*to/of (some) long trains*
un fotoliu greu	*a heavy armchair*
unui fotoliu greu	*to/of a heavy armchair*
unor fotolii grele	*to/of (some) heavy armchairs*
un program obositor	*a tiring programme*
unui program obositor	*to/of a tiring programme*
unor programe obositoare	*to/of tiring programmes*

3 Dates and expressions of time

 (a) The days of the week are written, unlike in English, with small initial letters:

luni	*Monday*
marţi	*Tuesday*
miercuri	*Wednesday*
joi	*Thursday*
vineri	*Friday*
sîmbătă	*Saturday*
duminică	*Sunday*

When the day indicates a regular occurrence, or is followed by an adjective, the definite article (*the*) is added in Romanian:

lunea	*on Mondays*
marţea	*on Tuesdays*
miercurea	*on Wednesdays*

joia	on Thursdays
vinerea	on Fridays
sîmbăta	on Saturdays
duminica	on Sundays

---

lunea viitoare next Monday	**vinerea mare** Good Friday
joia trecută last Thursday	**duminica mare** Easter Sunday

Occasionally the plural forms of the days with the definite article are used to denote regular occurrences:

vinerile   on Fridays

(b) The months are also written with small initials. Remember that they are all masculine:

ianuarie	mai	septembrie
februarie	iunie	octombrie
martie	iulie	noiembrie
aprilie	august	decembrie

un martie cald   a warm March

(c) When writing the date in Romanian, the numeral is placed before the month:

11 martie (unsprezece martie)   March 11th

For *the second*, the form **două** is used:

2 iunie (două iunie)   June 2nd

The form **întîi** is used to mean *the first*:

1 ianuarie (întîi ianuarie)   January 1st

Note the following constructions:

azi e 10 august 1991 (o mie	today is August 10th 1991
nouă sute nouăzeci și unu)	
azi sîntem în 10 august	it is August 10th today
azi e 10 august	it is August 10th today
pe 5 aprilie	on April 5th
la 5 aprilie	on April 5th

(d) You have already been introduced to a few words denoting the time of day such as **seară** *evening*. Here is a list of further expressions of time:

dimineață   morning

după-masă	*afternoon*
după-amiază	*afternoon*
seară	*evening*
noapte	*night*
zi	*day*

By adding the definite article to these nouns they are made to express a period of time:

dimineața	*in the morning*
seara	*in the evening*
noaptea	*at night*
ziua	*during the day*
după-masa	*in the afternoon*
după-amiaza	*in the afternoon*

Other expressions

ieri dimineață	*yesterday morning*
azi la prînz	*this lunchtime*
mîine după-masă	*tomorrow afternoon*
aseară	*yesterday evening, last night*
deseară	*this evening, tonight*
astă-seară	*this evening, tonight*
mîine seară	*tomorrow evening*
azi noapte	*last night*

Note that **deseară** is used if the speaker is talking in the morning and **astă-seară** if he/she is talking in the late afternoon

de azi într-o săptămînă	*a week today*
peste două săptămîni	*within a fortnight*
acum un an	*a year ago*
anul trecut	*last year*
anul viitor	*next year*
odată pe an	*once a year*
de două ori pe an	*twice a year*

The definite article is added to the noun in the following:

săptămîna trecută	*last week*
săptămîna viitoare	*next week*
săptămîna următoare	*the following week*
joia dimineața	*on Thursday mornings*
joia seara	*on Thursday evenings*

4 At and in

(a) **în** *in* when followed by **un** and **o** becomes **într-**:

într-o maşină	*in a car*

but don't forget:

în maşină	*in the car*

la can mean both *at* and *to*:

sînt la restaurant	*I am at the restaurant*
vin la restaurant	*I am coming to the restaurant*

în is used with the names of places when the speaker is in the same place to which he/she is referring:

Eu sînt în Bucureşti.	*I am in Bucharest.*

When the speaker is not in the same place **la** is used:

El este la Bucureşti.	*He is in Bucharest.*

(b) With countries only **în** can be used, irrespective of where the speaker is:

Unde este Ana?	*Where is Ana?*
Ea este în România.	*She is in Romania.*
Unde pleacă George?	*Where is George going?*
El merge în România.	*He is going to Romania.*

with towns we find **la**:

Unde merge Elena?	*Where is Helen going?*
Ea merge la Bucureşti.	*She is going to Bucharest.*

similarly:

De unde vine ea?	*Where is she coming from?*
Ea vine din România.	*She is coming from Romania.*
De unde vine el?	*Where is he coming from?*
El vine de la Londra.	*He is coming from London.*

You will note that **de+în = din**
de+la = de la

beware of confusing these with the phrases:

Ea este din România.	*She is **from** Romania.*
Ea este din Londra.	*She is **from** London.*

Compare: **din Anglia, de la Londra**
din Statele Unite, de la New York
din Italia, de la Roma

din Egipt, de la Cairo
din Franța, de la Paris

(c) **Din** and **de la** may also be found where in English we would use *who is/was in*. Thus in the dialogue we will meet the phrase:

O să scriu scrisori unei prietene din Anglia.	*I shall write letters to a girl friend (who is) in England.*

Note these other examples:

Prietenul de la mare este american.	*The friend (who was) at the seaside is American.*
Oamenii din oraș nu sînt prietenoși pe cînd oamenii de la țară sînt foarte primitori.	*The people (who are) in the town aren't as friendly whereas the people (who are) in the countryside are very hospitable.*

România și românii

The end (**sfîrșit**) of the First World War (**primul război mondial**) saw the union of all the regions inhabited by Romanians. The provinces of Transylvania, Banat and Bessarabia were added to the country to create what Romanians call **România Mare**. During the reigns of Ferdinand (1914–27), Carol II (1930–40) and Michael (1940–47), efforts were made to develop Romania. Modern highways (**șosele**) were built, a public bus, rail (**calea ferată**) and air system was introduced, and electricity (**electricitate**), gas (**gaze**) and water (**apă**) were brought to the towns. More schools (**școli**) and hospitals (**spitale**) were also constructed. However, despite these advances the life of the peasants in the villages remained largely unchanged. Before the outbreak of the Second World War (**al doilea război mondial**) 80 per cent of Romania's 18 million people lived on the land (**pămînt**).

In June 1940, the Soviet Union seized Bessarabia, and two months later Romania lost more territory, this time to Hungary, when under pressure from Germany she was forced to give away the northern part of Transylvania. At the end of the Second World War in 1945 Soviet troops occupied Romania and the first steps were taken to communise the country. This involved the abolition of all institutions and the creation of new ones, and the imprisonment of all those who opposed this process. The complete subjugation (**subjugare**) of Romania to the Soviet Union was marked by King Michael's forced abdication (**abdicare**) in December 1947 and the proclamation (**proclamare**) of the Romanian People's Republic.

——————— **Dialog** ———————

Maria has trouble making a date with George because his week ahead is so busy.

Maria   George, ce ai de gînd să faci săptămîna viitoare?
George   Încă nu știu...să văd. Cred că luni o să mă duc la un muzeu și apoi o să fac o plimbare prin Herăstrău.
Maria   Nu vrei să mergi cu noi la mare sau la munte?
George   Vreau să merg la mare în septembrie cînd este mai răcoare. În august e prea cald. La munte merg în ianuarie.
Maria   Ai dreptate. Atunci o să mergem și noi cu tine în septembrie la mare. Dar marți ce faci?
George   Marți și miercuri o să scriu scrisori unor prieteni din Anglia.
Maria   Și joi?
George   Joi dimineața o să trimit niște pachete cu cărți unui student iar vineri o să dau un telefon unui partener de afaceri.
Maria   Dacă ești liber sîmbătă, putem merge la expoziții.
George   Ce idee bună!

 ——————— **Exerciții** ———————

1   Listen to the dialogue and identify the correct answer. If you do not have the tape refer to the text.

Ce are de gînd să facă George:

(a) luni ...
  (i)   să meargă la gară.
  (ii) să cumpere ceva.
  (iii) să se ducă la un muzeu și apoi să facă o plimbare.

(b) marți și miercuri...
  (i)   să trimită o scrisoare unui partener de afaceri.
  (ii) să scrie niște scrisori unor prieteni din Anglia.
  (iii) să meargă la mare.

(c) joi...   (i)   să dea un telefon unui prieten.

                   (ii)   să stea acasă.

                  (iii) să trimită niște pachete cu cărți unui student.

(d) vineri...   (i)   să facă o plimbare cu mașina.

                   (ii)   să vorbească cu niște prieteni.

                  (iii) să dea un telefon unui partener de afaceri.

2 Write the form with *of a, to a* in Romanian for each noun:

Example: bilet; unui bilet

(a)	bilet	(f)	telefon
(b)	taxi	(g)	muzeu
(c)	gară	(h)	mașină
(d)	plimbare	(i)	cafea
(e)	cofetărie	(j)	scrisoare

3 Write the corresponding singular or plural form with *of a, to a* in Romanian for each noun.

Example: englezi; unor englezi

(a)	englezi	(f)	prieteni
(b)	mări	(g)	carte
(c)	săptămînă	(h)	zile
(d)	lună	(i)	oră
(e)	partener	(j)	studente

4 Translate into English:

(a) Trebuie să ceară unui prieten să trimită niște cărți în Anglia.

(b) Nu cred că o să fiu liber săptămîna viitoare.

(c) O să putem veni cu voi la mare în august.

(d) Duminică o să mă duc la o expoziție.

(e) Acum vrea să dea un telefon unei prietene.

(f) În iulie o să închiriem o mașină și o să mergem la mare.

5 Formulate questions in Romanian to obtain the answers in Exercise 4 above.

6 Complete the sentences using the indefinite article.

Example: Dau un telefon unor prieteni.

(a) Dau un telefon _____ prieteni.

(b) Scriem _____ scrisori _____ parteneri de afaceri.

(c) Dați _____ carte _____ profesor.

(d) Trimit _____ scrisoare _____ doctor.

(e) Spun _____ prietene să cumpere _____ ziare.

7 Use the required form of **un** or **o**.
Example: Este biletul unui domn.
(*a*) Este biletul _____ domn.
(*b*) Sînt maşinile _____ englezi.
(*c*) Asta este casa _____ studente.
(*d*) Este berea _____ prietene.
(*e*) Sînt ziarele _____ copii.

8 Replace the present tense with the future.
Example: Duminică cred că o să dau un telefon unui prieten din Anglia.
(*a*) Duminică cred că dau un telefon unui prieten din Anglia.
(*b*) Luni faceţi o plimbare prin oraş.
(*c*) George se duce să trimită cărţi unor studenţi.
(*d*) Cred că are dreptate: în august este prea cald să ne ducem la mare.
(*e*) Staţi la hotel cînd veniţi la Bucureşti.
(*f*) Credeţi că sînteţi liber săptămîna viitoare?
(*g*) Nu ştiu dacă am timp să stau la coadă la bilete.
(*h*) Poate luăm autobuzul spre centru.

9

CE S-A ÎNTÎMPLAT?
What has happened?

In this unit you will learn

- to say things that have taken place in the past
- to use adjectives denoting possession
- to use the *to the* and *of the* forms of nouns
- to denote reported speech

Before you start

Note that you will often hear the question **Ce ai/ați făcut cu?** *What have you done with?* **Exemplu: Ce ai făcut cu casa?** *What have you done with the house?*

 ─────── **Cuvinte cheie** ───────

amabil, amabilă, amabili, amabile kind, pleasant	**cîrciumă, cîrciumi** (f) pub
antreu, antreuri (n) entrance hall	**colț, colțuri** (n) corner
balcon, balcoane (n) balcony	**a comanda** to order (a meal, etc)
calitate, calități (f) quality	**deasupra** above, on top of
cheie, chei (f) key	**devreme** early
a citi to read	**etaj, etaje** (n) floor, storey
a intra to enter	**a se grăbi** to hasten, to hurry
a se îmbrăca to get dressed	**a suna** to ring, to telephone
încă yet	**superb, superbă, superbi, superbe** superb

─ 76 ─

a se întîmpla to happen	**surpriză, surprize** (f) surprise
a întîrzia to be late, to delay	**tîrziu** late
a se întoarce to return	**a trece** to pass
întotdeauna always	**a se trezi** to wake up
loc, locuri (n) place, seat	**tutungerie, tutungerii** (f)
măsuță, măsuțe (f) small table	tobacconist's
a mînca to eat	**ușă, uși** (f) door
ocazie, ocazii (f) occasion	**vedere, vederi** (f) view, sight
orfelinat, orfelinate (n) orphanage	**așa că** so that
a pleca to leave	**Ba da!** Oh yes (it is)!
portar, portari (m) caretaker,	**bine că**.. it's a good thing that...
doorman	**Cum adică?** How do you mean?
punctualitate (f) punctuality	**Cum așa?** How do you mean?
repede quickly	**la mine** on me, in my possession
roman, romane (n) novel	**a trece pe la (cineva)** to drop in on
sacrificiu, sacrificii (n) sacrifice	someone
a spune to say	**uite** look!

 ## Explicații

1 Past tense

In Unit 4, (see page 32) you saw that Romanian verbs, like English verbs, are divided into three phases of time, or tenses: past, present, and future. You have already been introduced to the present and future forms of verbs. This unit looks at the forms of the past tense. These are made up by combining reduced forms of **a avea** *to have* with a special form of the verb known as the past participle. Here are some examples:

a lucra   *to work*
   Past Participle   **lucrat**
   am lucrat *I have worked, I worked, I did work*
   ai lucrat   *you have worked, you worked, you did work*
   a lucrat   *he/she has worked, he/she worked, he/she did work*
   am lucrat *we have worked, we worked, we did work*
   ați lucrat   *you have worked, you worked, you did work*
   au lucrat   *they have worked, they worked, they did work*

a vedea   *to see*
   Past participle   **văzut**
   am văzut *I have seen, I saw, I did see*
   ai văzut   *you have seen, you saw, you did see*

a văzut	he/she has seen, he/she saw, he/she did see
am văzut	we have seen, we saw, we did see
ați văzut	you have seen, you saw, you did see
au văzut	they have seen, they saw, they did see

a merge *to go*

Past participle **mers**

am mers	I have gone, I went, I did go
ai mers	you have gone, you went, you did go
a mers	he/she has gone, he/she went, he/she did go
am mers	we have gone, we went, we did go
ați mers	you have gone, you went, you did go
au mers	they have gone, they went, they did go

a dori *to wish*

Past Participle **dorit**

am dorit	I have wished, I wished, I did wish
ai dorit	you have wished, you wished, you did wish
a dorit	he/she has wished, he/she wished, he/she did wish
am dorit	we have wished, we wished, we did wish
ați dorit	you have wished, you wished, you did wish
au dorit	they have wished, they wished, they did wish

(a) As the examples show, the form of the past participle (**lucrat, mers**) varies according to the type of verb.

With infinitives ending in -a and -i the past participle is formed by adding -t. The infinitive ending in -ea is replaced by -ut as is, in some instances, that ending in -e. Other infinitives ending in -e replace the ending with -s.

Examples:

Infinitive	Past participle	
a lua	**am lua**t	I took
a veni	**am veni**t	I came
a avea	**am av**ut	I had
a bea	**am bă**ut	I drank
a vrea	**am vr**ut	I wanted
a face	**am făcu**t	I did
a scrie	**am scri**s	I wrote
a spune	**am spu**s	I said

Note these unusual forms

a fi	**am fost**	I was, I have been
a ști	**am știut**	I knew

(b) To form the negative place **nu** in front of the reduced forms of **a avea**:

nu am spus	*I did not say*	**nu** am spus	*we did not say*
nu ai spus	*you did not say*	**nu** ați spus	*you did not say*
nu a spus	*he/she did not say*	**nu** au spus	*they did not say*

In colloquial usage **nu** is reduced to **n-**:

n-am spus	*I didn't say*	**n**-am spus	*we didn't say*
n-ai spus	*you didn't say*	**n**-ați spus	*you didn't say*
n-a spus	*he/she didn't say*	**n**-au spus	*they didn't say*

Note also:

Ce-ai spus? *What did you say?*
Ce-a spus? *What did he say?*

(c) Reflexive verbs. These verbs were introduced in Unit 7. Here are some examples of their past tense forms:

a se spăla *to wash oneself*

m-am spălat	*I washed myself*
te-ai spălat	*you washed yourself*
s-a spălat	*he/she washed himself/herself*
ne-am spălat	*we washed ourselves*
v-ați spălat	*you washed yourselves*
s-au spălat	*they washed themselves*

a se duce

m-am dus	*I went*	**ne-am dus**	*we went*
te-ai dus	*you went*	**v-ați dus**	*you went*
s-a dus	*he/she went*	**s-au dus**	*they went*

(d) We can also use the **văzut, mers**, etc. forms with **a avea de** to mean *to have to* as in:

Am de citit cinci cărți. *I have five books to read.*
Au de reparat multe mașini. *They've got many cars to repair.*

Aveți multe de cumpărat? *Have you got many things to buy?*

Compare:

am scris	with	**am de** scris
ai scris	with	**ai de** scris
a scris	with	**are de** scris
am scris	with	**avem de** scris

aţi scris	with	**aveţi de** scris
au scris	with	**au de** scris

2 To the, of the

In Unit 7, you were shown how to say *the* and, in Unit 8, *to a*, and *of a* with a noun. To indicate *to the* and *of the* you have to add endings to the Romanian noun which differ according to whether the noun is masculine, feminine, or neuter, singular or plural. Unlike in English there are no separate words for *to the*, *of the*. Here are some examples with, for comparison, the *the* forms introduced in Unit 7:

(a) Masculine nouns

cîine*le*	*the dog*
cîine*lui*	*to/of the dog*
cîini*lor*	*to/of the dogs*
prieten*ul*	*the friend*
prieten*ului*	*to/of the friend*
prieten*ilor*	*to/of the friends*

(b) Feminine nouns

maşin*a*	*the car*
maşin*ii*	*to/of the car*
maşin*ilor*	*to/of the cars*
cart*ea*	*the book*
cărţ*ii*	*to/of the book*
cărţ*ilor*	*to/of the books*
cofetăr*ia*	*the coffee shop*
cofetăr*iei*	*to/of the coffee shop*
cofetăr*iilor*	*to/of the coffee shops*
cafe*aua*	*the coffee*
cafe*lei*	*to/of the coffee*
cafe*lelor*	*to/of the coffees*

(c) Neuter nouns

tren*ul*	*the train*
tren*ului*	*to/of the train*
tren*urilor*	*to/of the trains*

fotoli*ul*	the armchair
fotoliul*ui*	to/of the armchair
fotoli*ilor*	to/of the armchairs

(d) Uses of the *to the* and *of the* forms

The *to the* forms are used with verbs such as *to send to, to give to, to say to*:

George Porter a spus prietenului său.	*George Porter told (to) his friend.*
Ana dă banii orfelinatului.	*Ann is giving the money to the orphanage.*

And the *of the* forms are used to denote possession:

Am găsit ușa balconului deschisă.	*I found the door of the balcony open.*
Mașina vecinului nu pornește.	*The neighbour's car won't start.*

You will find further examples in the dialogue.

(e) Names

To express *to* and *of* with names we precede them with **lui**:

Geamantanul *lui* George n-a venit.	*George's case hasn't arrived.*
Apartamentul *lui* Radu este de închiriat.	*Radu's flat is to let.*

Feminine names in **-a** may either be preceded by **lui** or have the ending **-ei**:

Casa Anei este în centru.	*Ann's house is in the centre*
Casa lui Ana este în centru.	*(of town).*

(f) Adjectives

The same forms of the adjectives are used with the *to the*, *of the* forms of the noun as with *to a*, *of a*, examples of which are given in Unit 8.

(g) Position

Certain words denoting position such as **deasupra** *above* also require the *of the* form:

***deasupra* tutungeriei**	*above the tobacconist's*

în *fața* magazinului	*in front of the shop*
în *spatele* restaurantului	*behind the restaurant*

3 Possessive adjectives

Words denoting possession such as *my, your, his*, are called possessive
adjectives. In Romanian, these behave in the same way as the other
adjectives that you have already met such as **bun** *good* and **mare** *big*.
Thus they follow the noun which is always in the definite article form
and adapt their own forms to it by adding a variety of endings. The
possessive adjectives are:

meu	*my*	**nostru**	*our*
tău	*your* (singular)	**vostru**	*your* (plural)
său	*his, her*		

Masculine

băiatul meu	*my boy, my son*	**băieții mei**	*my boys*
băiatul tău	*your boy*	**băieții tăi**	*your boys*
băiatul său	*his/her boy*	**băieții săi**	*his/her boys*
băiatul nostru	*our boy*	**băieții noștri**	*our boys*
băiatul vostru	*your boy*	**băieții voștri**	*your boys*
băiatului meu	*of/to my boy*	**băieților mei**	*of/to my boys*
băiatului tău	*of/to your boy*	**băieților tăi**	*of/to your boys*
băiatului său	*of/to his/her boy*	**băieților săi**	*of/to his/her boys*
băiatului nostru	*of/to our boy*	**băieților noștri**	*of/to our boys*
băiatului vostru	*of/to your boy*	**băieților voștri**	*of/to your boys*

Feminine

fata mea	*my girl,* *my daughter*	**fetele mele**	*my girls*
fata ta	*your girl*	**fetele tale**	*your girls*
fata sa	*his/her girl*	**fetele sale**	*his/her girls*
fata noastră	*our girl*	**fetele noastre**	*our girls*
fata voastră	*your girl*	**fetele voastre**	*your girls*
fetei mele	*of/to my girl*	**fetelor mele**	*of/to my girls*
fetei tale	*of/to your girl*	**fetelor tale**	*of/to your girls*
fetei sale	*of/to his/her girl*	**fetelor sale**	*of/to his/her girls*
fetei noastre	*of/to our girl*	**fetelor noastre**	*of/to our girls*
fetei voastre	*of/to your girl*	**fetelor voastre**	*of/to your girls*

Neuter

ceasul meu	*my watch*	**ceasurile mele**	*my watches*

ceasul tău	*your watch*	ceasurile tale	*your watches*
ceasul său	*his/her watch*	ceasurile sale	*his/her watches*
ceasul nostru	*our watch*	ceasurile noastre	*our watches*
ceasul vostru	*your watch*	ceasurile voastre	*your watches*
ceasului meu	*of my watch*	ceasurilor mele	*of my watches*
ceasului tău	*of your watch*	ceasurilor tale	*of your watches*
ceasului său	*of his/her watch*	ceasurilor sale	*of his/her watches*
ceasului nostru	*of our watch*	ceasurilor noastre	*of our watches*
ceasului vostru	*of your watch*	ceasurilor voastre	*of your watches*

The adjective **său** is used when the possessor is the same person as the subject.

> **George se uită la ceasul său.**   *George looks at his watch.*

But **lui** *his* and **ei** *her* are also used in the third person singular.

> **George se uită la ceasul lui.**   *George looks at his watch.*

Lui and **ei** do not change their form. They are called pronouns. Other pronouns with an invariable form denoting possession are **dumneavoastră (dvs.)** *your* which may be singular or plural, and **lor** *their*.

copilul **lui**	*his child*
copilul **ei**	*her child*
cartea **lor**	*their book*
trenul **dvs.**	*your train*
banii **lor**	*their money*

4 Reported speech

English statements such as *George said that he was looking for a flat* are expressed in Romanian as *George said that he is looking for a flat*. In other words, the tense of the original statement or question is preserved in Romanian:

> **George vrea un apartament.**   *George wants a flat.*

George a spus că _vrea_ un apartament.	_George said that he wanted a flat._
Unde _este_ gara?	_Where is the station?_
Ea a întrebat unde _este_ gara.	_She asked where the station was._

România şi românii

Nicolae Ceauşescu was the last of Romania's Communist leaders. He was elected to office in 1965 and continued the policy of his predecessor Gheorghe Gheorgiu-Dej of developing Romania's industry (**industrie**). Romania began to produce televisions (**televizoare**), washing-machines (**maşini de spălat**) and cars, but the labour needed for the factories took people away from the land. Furthermore, to pay for the investments (**investiţii**) for industry, food was diverted from the internal market to the export market with the result that by the early 1980s food rationing had to be introduced.

Enormous food queues (**cozi**) were a feature of daily life in the towns and cities and in the winter of 1984 quotas were introduced for the domestic consumption of gas and electricity. Most homes could be barely heated in winter. In addition, laws were introduced to force Romanians to report on any contact which they had with foreigners (**străini**). At the same time, Ceauşescu introduced a decree outlawing abortion and the use of contraceptive devices. Illegitimate births soared and many young children were placed in orphanages (**orfelinate**). By 1989, there were almost 200,000 children in care.

Dialog

George meets his friend Rodica in the street. He has a story to tell about his new flat.

Rodica George, bine că ne-am întîlnit! Ieri am vrut să trec pe la tine să văd ce ai făcut cu casa...

George Cum adică, 'ce am făcut cu casa?'

Rodica Ai găsit un apartament de închiriat?

George Ah, da, am găsit chiar pe strada unde sîntem acum. Uite acolo, deasupra tutungeriei.

Rodica Şi la ce etaj e apartamentul?

George La etajul şapte.

Rodica Ai o vedere frumoasă, nu-i aşa?

George Aşa e. Nu numai că vederea e superbă, dar am avut şi ocazia să descopăr că am calităţi de cascador.

Rodica   Cum aşa?

George   Azi m-am trezit cu noaptea-n cap, aşa că am stat în pat şi am citit. Romanul a fost captivant, timpul a trecut şi cînd m-am uitat la ceas am văzut că întîrzii dacă nu mă grăbesc.

Rodica   Aşa se întîmplă întotdeauna cînd te trezeşti prea devreme. Şi ai întîrziat?

George   Nu. M-am spălat repede, m-am îmbrăcat şi am plecat fără să mănînc!

Rodica   Punctualitatea cere sacrificii.

George   Da, dar cînd m-am întors acasă am văzut că n-am cheile la mine.

Rodica   Şi ce ai făcut?

George   Am sunat la uşa vecinului. A fost foarte amabil şi a spus că pot trece de pe balconul lui pe balconul meu! Am găsit uşa balconului deschisă aşa că am putut intra în casă.

Rodica   Şi cheile?

George   Am descoperit că sînt la locul lor, pe măsuţa din antreu. Acum mă duc să comand încă două chei pentru că nu mai vreau să am surprize.

Rodica   Dar ai avut ocazia să descoperi că poţi fi şi cascador! N-ai avut două chei cînd ai închiriat apartamentul?

George   Ba da. Dar am dat o cheie portarului.

Rodica   Şi unde este portarul?

George   La cîrciuma din colţ.

 ——————————— **Exerciţii** ———————————

  1 Listen to the dialogue and then provide the correct answers. If you do not have the tape consult the text.

(*a*) George s-a întîlnit cu Rodica...	(*i*) pe stradă.
	(*ii*) la hotel.
(*b*) La parterul blocului lui George este...	(*i*) o tutungerie.
	(*ii*) un chioşc cu bilete.
	(*iii*) o farmacie.
(*c*) George s-a trezit...	(*i*) foarte tîrziu.
	(*ii*) cu noaptea-n cap.
(*d*) Înainte să plece de acasă	(*i*) s-a spălat.

George...

(e) George a găsit cheile.

(ii) s-a îmbrăcat.
(iii) a mîncat.
(i) la parter.
(ii) la vecin.
(iii) pe măsuța din antreu.

2 Put the verbs of the following sentences into the past.
   Example: Prietenul domnului Porter vrea să treacă pe la hotel să vadă ce face George cu casa.
   Prietenul domnului Porter a vrut să treacă pe la hotel să vadă ce a făcut George cu casa.
   (a) George găsește un apartament de închiriat.
   (b) George are ocazia să descopere că are calități de cascador.
   (c) Azi George se trezește cu noaptea-n cap și stă în pat să citească un roman.
   (d) George trece de pe balconul vecinului lui pe balconul lui pentru a intra în apartament.
   (e) George uită cheile pe măsuța din antreu.

3 Use the possessive adjective.
   Example: Unde sînt cheile (eu)?
   Unde sînt cheile mele?
   (a) Apartamentul (tu) este la etajul opt?
   (b) Cartea (dvs) este pe masă.
   (c) Băiatul (noi) are 21 de ani.
   (d) Biletele (ei) sînt pe măsuța din antreu.
   (e) Scrisorile (el) sînt captivante.
   (f) Hotelul (voi) este în centru.
   (g) Vecinii (noi) au fost foarte amabili.
   (h) Țigările (tu) sînt pe masă.
   (i) Am uitat unde am pus cartea (ea).
   (j) Cum este vecinul (el)
   (k) Televizorul (ea) merge foarte bine.
   (l) Balconul apartamentului (ele) este mare.

4 Translate into English.
   (a) Săptămîna trecută am vrut să trec pe la voi să văd dacă ați găsit o mașină de închiriat.
   (b) Cred că o să am ocazia să văd un film bun la televizor.
   (c) Lunea trecută liftul a fost stricat.
   (d) Vecinii mei de palier sînt foarte amabili.
   (e) M-am trezit destul de tîrziu și a trebuit să mă grăbesc să nu întîrzii la serviciu.

5 Complete the blanks using the reflexive pronouns.
   Example: _____duc să cumpăr un ziar.
                Mă duc să cumpăr un ziar.
   (a) (Ei) _____ au dus la munte.
   (b) (Ea) _____ a spălat pe cap.
   (c) (Tu) _____ ai descurcat foarte bine.
   (d) Nu știm dacă _____ ducem la mare.
   (e) Cînd vreți să _____ uitați la televizor?
   (f) _____ îmbraci imediat după ce _____ speli?
   (g) Azi dimineață (eu) _____ am trezit cam tîrziu.

6 Translate into Romanian.
   (a) Where did I put your keys?
   (b) We discovered George's keys on the small table.
   (c) I wanted to come and see you.
   (d) Could you find a flat to rent?
   (e) At what time did they get up this morning?

7 Complete the blanks using the past participle.
   Example: Unde ai (a pune) cartea profesorului?
                Unde ai pus cartea profesorului?
   (a) Cînd v-ați (a se întoarce) de la mare?
   (b) Azi ne-am (a se grăbi) pentru că ne-am (a se trezi) tîrziu fără să mîncăm.
   (c) Te-ai (a se uita) aseară la televizor?
   (d) Au (a trimite) scrisorile în Anglia.
   (e) Am (a da) băiatului biletul de tren.
   (f) Ați (a scrie) prietenilor voștri din România?
   (g) Am (a spune) vecinului meu să dea cheia portarului.

8 Complete the blanks.
   Example: Dau un telefon domnul _____ Popescu.
                Dau un telefon domnului Popescu.
   (a) Este apartamentul prieten _____ mele.
   (b) Unde ai pus biletele vecin _____ noștri?
   (c) Balconul apartament _____ nostru este foarte mare.
   (d) Străzile oraș _____ sînt murdare.
   (e) Cheile _____ George sînt pe măsuța din antreu.
   (f) Cărțile studenți _____ sînt grele.
   (g) Prietenii băiat _____ meu au plecat la mare.
   (h) La parterul cas _____ mele este o tutungerie.

9 Match the verb forms to the blanks.
   (a) N-am putut _____ în apartament.

(*b*) Azi ne-am _____ cam tîrziu.

(*c*) La ce oră crezi că _____ acasă?

(*d*) Ce bine că _____ un apartament de închiriat.

(*e*) Vecinul meu _____ că pot trece de pe balconul lui pe balconul meu.

(*f*) _____ ocazia să vezi expoziţia de la parterul blocului tău.

(*i*) **o să fii** (*ii*) **intra** (*iii*) **trezit**
(*iv*) **a zis** (*v*) **ai avut** (*vi*) **ai găsit**.

10

ACEASTA ESTE A MEA
This is mine

In this unit you will learn

- to use the forms for *this* and *that*
- to say *her, him, it, us* and *them*
- to recognise other forms of the future

Before you start

La mulţi ani can be used in a number of contexts. It means literally *here's to many more years* and is most commonly used as a toast to celebrate a festive occasion. It can mean *Happy Birthday, Happy Christmas* and *Happy New Year*, depending on the event.

 ──────── ## Cuvinte cheie ────────

---

a ajuta to help
aprovizionat, aprovizionată,
 aprovizionaţi, aprovizionate
 supplied
a aşeza to place, to site
a se aşeza to sit down
bătrîn, bătrînă, bătrîni, bătrîne
 old (of persons)

băutură, băuturi (f) drink
bineînţeles of course, naturally
ceva something
confortabil, confortabilă,
 confortabili, confortabile
 comfortable
a considera to consider
cumpărătură, cumpărături (f)
 shopping, purchase

curînd soon
cuțit, cuțite (n) knife
examen, examene (n) examination
farfurie, farfurii (f) plate
fiu, fii (m) son
fiică, fiice (f) daughter
furculiță, furculițe (f) fork
gol, goală, goi, goale naked, empty
important, importantă, importanți, importante important
a invita to invite
a împlini to fulfil
a se împlini to be completed, to pass (of years)
a începe to begin
a lăsa to leave
a lăuda to praise
lingură, linguri (f) spoon
linguriță, lingurițe (f) teaspoon
masă, mese (f) table
meniu, meniuri (n) menu
mîncare, mîncăruri (f) food, dish
a se muta to move house
neapărat without fail
a se ocupa de to deal with
ocupat, ocupată, ocupați, ocupate busy
a oferi to offer
pahar, pahare (n) glass
parcă seemingly, as if
a petrece to pass
petrecere, petreceri (f) party, celebration
piață, piețe (f) square, market

a plictisi to bore
a se plictisi to get bored
plin, plină, plini, pline full
politicos, politicoasă, politicoși, politicoase polite
prea too (much)
rochie, rochii (f) dress
a servi to serve
servit, servită, serviți, servite served
sesiune, sesiuni (f) session
sigur, sigură, siguri, sigure certain
singur, singură, singuri, singure alone
șervețel, șervețele (n) napkin
tacîm, tacîmuri (n) place setting (at table), cutlery
tirbușon, tirbușoane (n) corkscrew
tînăr, tînără, tineri, tinere young
a toci to grind, to swot (study hard)
a avea de toate to have everything
de curînd recently
a face cumpărături to do the shopping
a întinde fața de masă to lay the tablecloth
între timp in the meantime
a merge la cumpărături to go shopping
peste două săptămîni within two weeks
a pune masa to lay the table
zi de naștere birthday
ziua lui his birthday

 ———— **Explicații** ————

1 *This and that*

The word for *this* in Romanian is **acest** and for *that* is **acel**.
Grammatically speaking they are known as demonstrative adjectives
when they stand next to a noun. As you have read in Unit 5 (page 41)
Romanian requires adjectives to adapt their forms to those of the noun
and so **acest** and **acel** will change to agree with the noun.

However, both **acest** and **acel** are unusual as adjectives in that they may either precede or follow the noun. Here are some examples of their use before a noun.

Masculine

acest/acel prieten	*this/that friend*
acestui/acelui prieten	*to/of this/that friend*
acești/acei prieteni	*these/those friends*
acestor/acelor prieteni	*to/of these/those friends*

Feminine

această/acea mașină	*this/that car*
acestei/acelei mașini	*to/of this/that car*
aceste/acele mașini	*these/those cars*
acestor/acelor mașini	*to/of these/those cars*

Neuter

acest/acel program	*this/that programme*
acestui/acelui program	*to/of this/that programme*
aceste/acele programe	*these/those programmes*
acestor/acelor programe	*to/of these/those programmes*

Further examples:

Geamantanul acestui prieten este greu.	*This friend's suitcase is heavy.*
Costul acelui program este foarte mare.	*The cost of that programme is very high.*
Această mașină nu merge bine.	*This car is not running well.*
Acești englezi vorbesc bine românește.	*These English people speak Romanian well.*

When they follow a noun **acest** and **acel** carry more emphasis. Note that when they are placed after the noun, the noun has the *the* form and both **acest** and **acel** end in **-a**.

Masculine

prietenul **acesta/acela**	*this/that friend*
prietenului **acestuia/aceluia**	*to/of this/that friend*
prietenii **aceștia/aceia**	*these/those friends*
prietenilor **acestora/acelora**	*to/of these/those friends*

Feminine

maşina **aceasta/aceea**	*this/that car*
maşinii **acesteia/aceleia**	*to/of this/that car*
maşinile **acestea/acelea**	*these/those cars*
maşinilor **acestora/acelora**	*to/of these/those cars*

Neuter

programul **acesta/acela**	*this/that programme*
programului **acestuia/aceluia**	*to/of this/that programme*
programele **acestea/acelea**	*these/those programmes*
programelor **acestora/acelora**	*to/of these/those programmes*

Further examples:

Cafeaua aceasta nu are zahar.	*This coffee has no sugar in it.*
Americanii aceştia vorbesc bine româneşte.	*These Americans speak Romanian well.*
Vinul acela este mai bun.	*That wine is better.*
În ziua aceea am fost la restaurant.	*On that day I went to the restaurant.*

Acesta and **acela** may also stand on their own to mean *this* and *that*, just as *this* and *that* can in English. In such cases they are known as demonstrative pronouns. Note, however, that the forms of **acesta** and **acela** must still agree with the noun which they are referring to:

Aceasta este o problemă grea.	*This is a great problem.*
Acela este un politician abil.	*That man is an able politician.*
Aceştia sînt banii noştri.	*This is our money.*
Acelea sînt biletele voastre.	*Those are your tickets.*
Acesta este paharul meu.	*This is my glass.*
Acelea sînt hainele lor.	*Those are their clothes.*

In conversation, you are more likely to hear the reduced forms of **acesta** and **acela**. These are most frequently found in the following forms:

Masculine

| prietenul **ăsta/ăla** | *this/that friend* |
| prietenului **ăstuia/ăluia** | *to/of this/that friend* |

| prietenii **ăştia/ăia** | these/those friends |
| prietenilor **ăstora/ălora** | to/of these/those friends |

Feminine

maşina **asta/aia**	this/that car
maşinii **ăsteia/ăleia**	to/of this/that car
maşinile **astea/alea**	these/those cars
maşinilor **ăstora/ălora**	to/of these/those cars

Neuter

programul **ăsta/ăla**	this/that programme
programului **ăstuia/ăluia**	to/of this/that programme
programele **astea/alea**	these/those programmes
programelor **ăstora/ălora**	to/of these/those programmes

Further examples:

Studentul ăsta este mai harnic decît studentul ăla.	*This student is more hard working that that student.*
Cartofii ăştia sînt mai ieftini decît cartofii ăia.	*These potatoes are cheaper than those ones.*
Fata asta merită orice, iar fata aia nu merită nimic.	*This girl deserves everything while that one doesn't deserve a thing.*
Maşinile astea sînt nişte rable.	*These cars are wrecks.*

The feminine forms **a(cea)sta, a(ce)stea, a(ce)lea** also correspond to *this*, *that*, *these* and *those* where no object or person is mentioned.

| **Ce să fac eu cu astea?** | *What am I to do with these?* |
| **Asta mă îngrijorează.** | *That worries me.* |

2 Saying her, him, it, us and them

In Unit 7, see page 55, you met what are known as reflexive pronouns meaning *myself, yourself,* etc. The same Romanian forms for *myself, yourself, ourselves* and *yourselves* are used to express *me, us* and also *you* when *you* is the object of an action (e.g. *I hit you.*) *her, him* and *them* are expressed by new forms. Since all these words are found as objects of an action, *me, you, him, her, us, them* are known grammatically as direct object pronouns. These pronouns are:

mă	me	ne	us
te	you	vă	you
îl	him	îi	them (m)
o	her	le	them (f)

Here are some examples of their use.

Eu o văd mîine.	*I'll be seeing her tomorrow.*
Ea **ne** invită la teatru.	*She is inviting us to the theatre.*
El **mă** lasă la gară.	*He'll drop me off at the station.*
Ei **vor** să le ducă cu maşina.	*They want to take them (f) by car.*
Nu am găsit pantofii mei, îi caut mai tîrziu.	*I couldn't find my shoes, I'll look for them later.*

�֎ Note that in the last example **îi** agrees with **pantofi** (m).

(a) Pronouns with the past tense

You will see from the above examples that the pronouns precede the verb. When you use the past tense, however, you have to place the feminine **o** after the past participle:

| Noi am lăsat-o la hotel. | *We left her at the hotel.* |
| N-aţi văzut-o ieri? | *Didn't you see her yesterday?* |

Compare this use with that of the other pronouns, which precede the past tense. Some of them have shortened forms. Thus:

el mă vede	*he sees me*	becomes	**el m-a văzut**	*he saw me*
el te vede	*he sees you*	becomes	**el te-a văzut**	*he saw you*
eu îl văd	*I see him*	becomes	**eu l-am văzut**	*I saw him*
el ne vede	*he sees us*	becomes	**el ne-a văzut**	*he saw us*
el vă vede	*he sees you*	becomes	**el v-a văzut**	*he saw you*
el îi vede	*he sees them*	becomes	**el i-a văzut**	*he saw them*
el le vede	*he sees them*	becomes	**el le-a văzut**	*he saw them*

(b) With *să*

When following **să** (see Unit 7, page 57) only **îl** and **îi** are modified.

| vin **să-l** văd | *I am coming to see him* |
| vin **să-i** văd | *I am coming to see them* |

while the others stay unchanged:

| Ea vine **să mă** vadă. | *She is coming to see me.* |
| Ea vine **să te** vadă. | *She is coming to see you.* |

Ea vine **s-o** vadă.	*She is coming to see her.*
Ea vine **să ne** vadă.	*She is coming to see us.*
Ea vine **să vă** vadă.	*She is coming to see you.*
Ea vine **să le** vadă.	*She is coming to see them (f).*

(c) Further uses of *her*, *him* and *them*

Unlike in English, the forms for *her*, *him* and *them* are also found in Romanian in support of nouns. They are used for emphasis and only when the noun precedes the verb. In such situations, they have no equivalent in English. Study these examples.

Hainele **le-ai** găsit?	*As for clothes, did you find them?*
Merele **le-a** cumpărat Ana.	*The apples, Ana bought them.*
Banii **i-am** dat deja.	*As for the money, I've paid that over already.*
Problema **n-am** rezolvat-o.	*Regarding the problem, I haven't solved it.*
Meniul **îl faci** singur?	*Are you going to decide on the food (menu) you are going to give them yourself?*

Compare the normal word order:

Am găsit hainele.	*I found the clothes.*
Ana a cumpărat merele.	*Ann bought the apples.*
Am dat deja banii.	*I've paid the money already.*

(d) Stress on *me*, *you*, *him*, *her*, *us* and *them*

There are distinct stressed forms in Romanian for *me*, *you*, *him*, *her*, *us* and *them* which are used for emphasis. They are always used together with the unstressed forms introduced above and can never be substituted for them. Here they are with their unstressed equivalents in brackets.

(mă)	**pe mine**	me	*(ne)*	**pe noi**	us
(te)	**pe tine**	you	*(vă)*	**pe voi**	you
(te)	**pe dumneata**	you	*(vă)*	**pe dumneavoastră**	you
(îl)	**pe el**	him	*(îi)*	**pe ei**	them (m)
(o)	**pe ea**	her	*(le)*	**pe ele**	them (f)
(se)	**pe sine**	himself, herself			

Look at these examples.

Eu o văd **pe ea** mîine.	*I'll be seeing **her** tomorrow.*
Ea ne invită **pe noi** la teatru.	*She is inviting **us** to the theatre.*
El mă lasă **pe mine** la gară.	*He'll drop **me** off at the station.*
Ei vor să le ducă **pe ele** cu mașina.	*They want to take **them** (f) by car.*

Sometimes the stressed form precedes the verb for extra emphasis:

Pe mine m-a ignorat ea complet.	*Me she ignored completely.*
Pe el îl întrebăm.	*It's him we'll ask.*

You will see that the stressed forms are all preceded by **pe** which has no equivalent in English. These same stressed forms follow prepositions such as *with*, *for* and *in*.

Ea vine **cu** noi.	*She is coming with us.*
Ea au luat-o **pentru** tine.	*They got it for you.*
Este multă bunătate **în** el.	*There's a great deal of kindness in him.*
George lucrează mai mult **decît** tine.	*George works harder than you.*
La dvs. este liniște.	*It's quiet in your house (Lit. at you there is quiet.)*

(e) Pe

This is an important word in Romanian; As well as accompanying the stressed pronouns it also precedes nouns denoting a *person* when they are the object of an action. In such cases the verb is usually preceded by the unstressed forms of *him*, *her* and *them*. Neither these forms nor **pe** can be translated into English. Examine these examples carefully.

O întreb **pe** Maria.	*I'll ask Maria.*
Îl întreb **pe** domnul Porter.	*I'll ask Mr Porter.*
Îi căutăm **pe** George și pe Nicu.	*We're looking for George and Nick.*
Le-am văzut **pe** Ileana și **pe** Ana.	*We've seen Ileana and Maria.*
I-am invitat **pe** George și **pe** Ana.	*We've invited George and Ana.*

After **pe** the *the* form of the noun is not used unless the noun is followed by a name or by another qualifying word.

Le-am întîlnit **pe** fete.	*I met the girls.*

Le-am întîlnit **pe** fetele acelea.   *I met those girls.*
L-am condus **pe** student.   *I accompanied the student.*
L-am condus **pe** studentul   *I accompanied the American*
   american.   *student.*

Pe may also be found with words introducing questions such as **cine** *who.*

Cine a sosit?   *Who has arrived?*
Pe cine ai chemat?   *Whom did you summon?*

3 Other future forms

In Unit 8, you learnt about the most colloquial method of expressing future time using the formula **o să**. A second colloquial form also involves **să**, but preceded by the present tense of the verb **a avea** *to have.*

am să întreb   *I shall ask*   **avem să întrebăm** *we shall ask*
ai să întrebi   *you will ask*   **aveți să întrebați** *you will ask*
are să întrebe   *he, she*   **au să întrebe**   *they will ask*
      will ask

However, the *we* and plural *you* forms are rarely heard.

Examples:
   Nu **are să plece** fără noi.   *He won't leave without us.*
   Am să știu mîine.   *I'll know tomorrow.*
   Au să se spele seara.   *They will have a wash in the*
            evening.

In written usage you are more likely to find a different compound, this time made up of the infinitive without **a** preceded by auxiliary forms:

voi întreba   *I shall ask*   **vom întreba**   *we shall ask*
vei întreba   *you will ask*   **veți întreba**   *you will ask*
va întreba   *he, she will ask*   **vor întreba**   *they will ask*
mă voi duce   *I shall go*   **ne vom duce**   *we shall go*
te vei duce   *you will go*   **vă veți duce**   *you will go*
se va duce   *he, she will go*   **se vor duce**   *they will go*

Examples:
   Nu **va pleca** fără noi.   *He won't leave without us.*
   Vom ști mîine.   *We'll know tomorrow.*
   Se vor spăla seara.   *They will have a wash*
            in the evening.

România şi românii

REVOLUŢIA POPULARĂ A ÎNVINS! ACUM E NEVOIE DE RAŢIUNE, CALM ŞI VIGILENŢĂ ÎN APĂRAREA LIBERTĂŢII ŞI VALORILOR NAŢIONALE!

The popular revolution has triumphed! Now we need reason, calm and vigilence in defending national freedom and values.

In December 1989, the population of the western Romanian town of Timoşoara was driven by suffering to take to the streets and to call for the overthrow of Ceauşescu. Many of them were shot dead on Ceauşescu's orders and when news of the deaths reached the capital Bucharest and other large cities, such as Cluj, protests against Ceauşescu began there as well on 21st December. On the following day, a large crowd attacked Ceauşescu's office and he fled in a helicopter with his wife. Fighting began in Bucharest and other major towns between the army, which joined the side of the protesters, and members of Ceauşescu's secret police. Ceauşescu and his wife were captured, put on trial and sentenced to death. Shortly afterwards resistance by the secret police ceased.

A provisional government was formed and it immediately took steps to improve living conditions. Food was withdrawn from export and put on sale in the shops, heating quotas were withdrawn, the abortion decree was repealed, and the right of everyone to hold a passport was introduced. Multiparty elections were held for the first time in over 40 years in May 1990 and the National Salvation Front, a party favoured by ex-communists, was elected to power.

Dialog

Plans are well on the way for a 20th birthday party in spite of the looming exams.

Radu George, parcă ai spus că luna asta fiul tău împlineşte 20 de ani.

George Da, pe 28 va fi ziua lui de naştere şi sînt convins că va da o petrecere.

Radu Pe cine veţi invita?

George Nu ştiu, e ziua lui şi o va petrece cu prietenii. Familia îl plictiseşte. Ştii cum e. Ne consideră bătrîni, crede că ne aşezăm la masă şi aşteptăm să fim serviţi, trebuie să fie politicos.

Radu	Dar atunci cine se va ocupa de mîncare, de băutură?
George	Eu, bineînțeles.
Radu	De ce nu-l lași pe el?
George	E prea ocupat. Tocește pînă noaptea tîrziu. Peste două săptămîni începe sesiunea și va avea cinci examene grele.
Radu	Pot să te ajut cu ceva?
George	Sigur, mulțumesc. Putem merge împreună la cumpărături la acea piață din cartierul tău. O tot lauzi că e bine aprovizionată.
Radu	Meniul îl faci singur sau îl aștepți pe băiat să-l întrebi ce vrea să le ofere?
George	Îl voi întreba pe el. Între timp noi putem cumpăra băutura.
Radu	Aveți nevoie de pahare, farfurii, tacîmuri? V-ați mutat de curînd și poate nu aveți de toate.
George	Avem ce este mai important pentru tineri: pahare. Acelea trebuie să fie pline.

Exerciții

1 Listen to the cassette and answer the following questions in English. If you do not have the cassette study the text of the dialogue.

(a) Cîți ani împlinește luna aceasta fiul lui George?
(b) Pe cine va invita la ziua lui?
(c) Cine se va ocupa de mîncare și băutură?
(d) Cine îl va ajuta pe George la cumpărături?

2 Use the required forms of **acest** and **aceasta**. Example: **Această piață este bine aprovizionată.**

(a) _____ piața este bine aprovizionată.
(b) Ați fost la _____ restaurant?
(c) De unde au cumpărat _____ bilete de autobuz?
(d) Unde merg _____ oameni?
(e) Cît costă _____ mașină?
(f) Trebuie să plătesc _____ chelner?
(g) De ce dați telefon _____ studenți?
(h) Ce ați trimis _____ studente (only one)?
(i) Cînd scrii _____ prietene? (more than one)?

3 Complete the blanks with the correct form of **acesta/acela**.
Example: Studentul acesta/acela se numeşte Vasile.
(a) Studentul _____/_____ se numeşte Vasile.
(b) Paharele _____/_____ sînt murdare.
(c) Trimit scrisorile _____/_____ de la poştă.
(d) Cît costă vinul _____/_____?
(e) Din ce staţie pot lua metroul pentru farmacia _____/_____?
(f) Cînd îi inviţi la restaurant pe prietenii _____/_____?
(g) De unde aţi cumpărat cărţile _____/_____?

4 Replace the bold words with the form of **acesta**.
Example: Acest tren merge la Cluj.
          Acesta merge la Cluj.
(a) **Acest tren** merge la Cluj.
(b) **Această maşină** e prea scumpă.
(c) **Aceşti tineri** sînt prietenii fiului meu.
(d) Rochia **acestei fete** este superbă.
(e) Telefonul **acestui inginer** este stricat.
(f) **Aceste scaune** sînt confortabile.

5 Answer the following questions using *me*, *him*, *us*, etc.
Example: Această maşină e bună? Vreau _____ cumpăr.
          Această maşină e bună? Vreau s-o cumpăr.
(a) Această maşină e bună? Vreau _____ cumpăr.
(b) Acest apartament este în centru. Doriţi să _____ vedeţi?
(c) Unde sînt Ion şi Maria? Vrem să _____ invităm la noi.
(d) Aţi scris scrisorile? Trebuie să _____ trimitem mîine.
(e) Ştiţi unde este Hotelul Continental? Vrem să _____ găsim neapărat.

6 Use the model of the example to answer the following.
Example: Ai făcut cumpărăturile? Nu le-am făcut încă, le voi face mîine.
(a) Aţi făcut cumpărăturile?
(b) V-au ajutat prietenii?
(c) I-a văzut pe studenţi?
(d) Ai luat-o la cinema pe Maria?
(e) Le-a întrebat şi pe ele?
(f) Ai căutat biletul?
(g) Aţi spălat maşina?
(h) Au reparat liftul?

7 Use the unstressed forms of *me*, *him*, *us*, etc.
   Example: Mă luați și pe mine la cinema?
   (a) _____ luați și pe mine la cinema?
   (b) _____ invitați și pe el?
   (c) _____ vedeți și pe ele?
   (d) _____ credem și pe tine.
   (e) _____ întrebăm și pe voi.
   (f) _____ trimitem și pe ea.
   (g) El _____ caută și pe ei.
   (h) Ea _____ știe și pe noi.
   (i) El _____ plictisește și pe voi?

8 Repeat Exercise 7 above using the colloquial forms of the future.
   Example: O să mă luați și pe mine la cinema?

9 Supply the required forms of *me*, *him*, *us*, etc.
   **Example: Am auzit că filmul acesta este bun. O să-l văd
            săptămîna viitoare.**
   (a) Am auzit că filmul acesta este bun. O să _____ văd săptămîna viitoare.
   (b) Acești prieteni vin la București. _____ voi invita să treacă pe la mine.
   (c) Trebuie s_____ ajut pe Maria la cumpărături.
   (d) _____ ați lăudat pe băieți pentru examenele luate cu brio?
   (e) N-am terminat încă romanul pentru că am început să_____ citesc de-abia ieri.

11

LUCRAM

I was working

In this unit you will learn

- to say *I was doing, I was reading,* etc.
- to say *to me, to you, to him, to her, to us* and *to them*
- to say *all, every*

Cuvinte cheie

adevăr, adevăruri (n)   truth
a-şi aminti   to remember
a arăta   to show
ban, bani (m)   money
blond, blondă, blonzi, blonde   blond
brunet, brunetă, bruneţi, brunete
  brunette
cărunt, căruntă, cărunţi, cărunte
  grey (haired)
des   frequently
a desena   to draw
despre   about
fericit, fericită, fericiţi, fericite   happy
fruct, fructe (n)   fruit
gură, guri (f)   mouth
a-şi imagina   to imagine

a-şi închipui   to imagine
nas, nasuri (n)   nose
niciodată   never
păr (n)   hair
a părea   to seem
a se părea   to seem
a păzi   to guard, to protect
pictor, pictori (m)   artist, painter
pistruiat, pistruiată, pistruiaţi,
  pistruiate   freckled
puşti, puşti (m)   young lad
a rămîne   to remain
suflet, suflete (n)   soul
şaten, şatenă, şateni, şatene
  brown-haired
talent, talente (n)   talent

a termina to finish, to end		**Ce vremuri!** What times!	
a se termina to come to an end		**cît mai mult** as much as possible	
tînăr, tînără, tineri, tinere young		**cum să nu** of course	
tot, toată, toți, toate all		**De cîte ori?** How many times?	
vacanță, vacanțe (f) holiday		**ori de cîte ori** whenever	
vitrină, vitrine (f) shop window		**în timp ce** while	
vreme, vremuri (f) weather, time		**a face zeci de kilometri pe jos** to go	
a zîmbi to smile		tens of kilometres on foot	
ca să in order to		**pe atunci** about that time	
acum 20 de ani 20 years ago		**pe vremea asta** at this time, in such	
a-și aduce aminte to remember		weather as this	
a-și băga nasul to poke one's nose		**toată lumea** everybody	
into		**a ține minte** to recall	
a căsca gura to open one's mouth, to		**nu...niciodată** never	
drop one's mouth (in amazement)			

 ──────── **Explicații** ────────

1 *I was working, I was reading*

In Unit 9, you saw how actions that took place in the past and were completed were expressed in Romanian, eg. *I have worked*, is translated by **am lucrat**. This form of **a lucra** is known as the past tense. Where the action that takes place in the past is not completed, but is a continuous or repeated action such as *I was working, I used to work*, then it is expressed by what is known as the imperfect tense. In this unit, we shall examine the *was* forms which are made up by adding a series of endings to the infinitive or *to* forms of the verb.

Verbs ending in **-a** or **-ea** follow one pattern. They add **-m, -i,** (for *he/she* form there is no ending) **-m, -ți, -u.**

a lucra *to work*

lucra**m**	*I was working, used to work*
lucra**i**	*you were working, used to work*
lucra	*he, she was working, used to work*
lucra**m**	*we were working, used to work*
lucra**ți**	*you were working, used to work*
lucra**u**	*they were working, used to work*

a avea *to have*

avea**m**	*I had, used to have*
avea**i**	*you had, used to have*

avea	he, she had, used to have
avea**m**	we had, used to have
avea**ți**	you had, used to have
avea**u**	they had, used to have

Verbs ending in **-e** or **-ui** follow another pattern. They add **-am, -ai, -a, -am, -ați** or **-au.**

a merge *to go*

merge**am**	I was going
merge**ai**	you were going
merge**a**	he, she was going
merge**am**	we were going
merge**ați**	you were going
merge**au**	they were going

a locui *to inhabit, to live*

locui**am**	I was living
locui**ai**	you were living
locui**a**	he, she was living
locui**am**	we were living
locui**ați**	you were living
locui**au**	they were living

Verbs ending in **-î** drop the **-î** and add **-am, -ai, -a, -am, -ați** and **-au.**

a urî *to hate*

ur**am**	I used to hate
ur**ai**	you used to hate
ur**a**	he, she used to hate
ur**am**	we used to hate
ur**ați**	you used to hate
ur**au**	they used to hate

Verbs in **-i** lose the final **-i.**

a dori *to wish*

dore**am**	I was wishing
dore**ai**	you were wishing
dore**a**	he, she was wishing
dore**am**	we were wishing
dore**ați**	you were wishing
dore**au**	they were wishing

There are a number of important verbs which do not follow the above patterns, eg.

a fi   *to be*

eram *I used to be*	**eram** *we used to be*
erai *you used to be*	**erați** *you used to be*
era *he, she used to be*	**erau** *they used to be*

a sta   *to reside, to stand*

stăteam *I was standing*	**stăteam** *we were standing*
stăteai *you were standing*	**stăteați** *you were standing*
stătea *he, she was standing*	**stăteau** *they were standing*

a da *to give*	**dădeam** *I used to give*
a bate *to beat*	**băteam** *I used to beat*
a face *to do*	**făceam** *I used to do*
a ști *to know*	**știam** *I used to know*
a vrea *to want*	**voiam** *I used to want*
a trebui *to have to*	**trebuia** *I used to have to*

Some examples:

Ori de cîte ori mergeam la București luam medicamente cu mine.	*Whenever I went to Bucharest I took some medicines with me.*
În timp ce eu căutam un apartament, ea se ocupa de copii.	*While I was looking for a flat she looked after the children.*

✳ Note the different meanings: **de mult** *for some time*, **de puțin** *for a short time*.

Cautam **de mult** un apartament.	*I had been looking for a flat for some time.*

2   Saying to me, to you, to him, etc.

Unlike in English, *to me, to you*, etc. are expressed by one distinct word. Since all these words are found as indirect objects of an action, as in the example *he gave it* (direct object) *to me* (indirect object) they are known as indirect object pronouns and they precede the verb. Here are the forms:

îmi	to me	**ne**	to us
îți	to you	**vă**	to you
îi	to him, to her	**le**	to them
își	to himself, to herself, to themselves		

You will see from Unit 10 that **ne** and **vă** can also have the meaning *us* and *you*. Here are some examples of their use:

El **îmi** trimite des colete.   *He sends me parcels frequently.*

Îți plătim.   *We'll pay you (Lit. to you).*

Ne spune minciuni.   *He tells us lies.*

(a) To me, to you, etc. with the past tense

el îmi dă	*he gives me*	becomes	**el mi-a dat**	*he gave me*
el îți dă	*he gives you*		**el ți-a dat**	*he gave you*
el îi dă	*he gives him/ her*		**el i-a dat**	*he gave him/her*
el ne dă	*he gives us*		**el ne-a dat**	*he gave us*
el vă dă	*he gives you*		**el v-a dat**	*he gave you*
el le dă	*he gives them*		**el le-a dat**	*he gave them*
el își dă	*he gives to himself*		**el și-a dat**	*he gave to himself*

Examples:

Ei nu ne-au trimis bani luna aceasta.   *They haven't sent us any money this month.*

De ce nu mi-ai spus adevărul?   *Why didn't you tell me the truth?*

Ți-am dat ieri pașaportul meu.   *I gave you my passport yesterday.*

(b) With să, ce and nu

The same shortened forms of *to me, to you, to him* and *to her* are used after **să**, **ce** and **nu**.

However, in these cases, the hypen - precedes the shortened form:

El nu vrea **să-mi** împrumute mașina.   *He doesn't want to lend me the car.*

Ce-i spun mîine?   *What am I to say to him tomorrow?*

Nu-ți dau nimic.   *I'm not giving you anything.*

The forms of **ne**, **vă** and **le** remain unchanged:

Vrea **să ne** spună ceva.   *He wants to tell us something.*

| Vrea **să vă** spună ceva. | *He wants to tell you something.* |
| Vrea **să le** spună ceva. | *He wants to tell them something.* |

(c) *To her, to him, to them* in support of nouns

Just as you saw in Unit 10 pages 93-96 that *him, her* and *them* are found in Romanian in support of nouns, so too are *to him, to her* and *to them* when the nouns concerned are in *to the* form. Look at these examples. You will note that *to her, to him, to them* do not translate into English.

I-am spus lui George că nu pot veni.	*I told George that I could not come.*
I-ai spus șoferului să aștepte?	*Did you tell the driver to wait?*
Le-am arătat copiilor niște bani englezești.	*I showed the children some English money.*

(d) Verbs requiring *to me, to you,* etc. forms

The two most common verbs in this category are **a trebui** *to need* and **a plăcea** *to please.*

A trebuie has to be used in the manner *it is necessary to me* which means that it has a fixed form:

Îmi trebuie un cuțit.	*I need a knife.*
Vă trebuie mai mult timp să terminați?	*Do you need more time to finish?*
Ne trebuie investiții în plus.	*We need extra investments.*

Note that you can also say:

Am nevoie de un cuțit.	*I need a knife.*
Aveți nevoie de mai mult timp să terminați?	*Do you need more time to finish?*
Avem nevoie de investiții în plus.	*We need extra investments.*

A plăcea is used in the same way, but it has a separate plural form which is **plac** in the present, and **au plăcut** in the past.

Îmi place ciocolata.	*I like chocolate.*
Îmi place să înot.	*I like swimming.*
Îmi plac rochiile.	*I like the dresses.*
Ne plac cursurile.	*We like the courses.*
I-a plăcut spectacolul.	*He/she liked the show.*
Le-au plăcut discursurile.	*They liked the speeches.*

(e) *To me, to you,* etc. meaning possession

In Unit 9, the adjectives *my, your,* etc. denoting possession were
introduced. Possession is also commonly expressed by using the
pronouns *to me, to you.* In such cases the noun is usually in the *the*
form:

Îmi iau maşina şi plec.	*I'm taking my car and I'm off* (Lit. *to me I'm taking the car and I am leaving*).
Ne-am lăsat bagajele în autocar.	*We left our baggage in the coach.*
El şi-a vîndut apartamentul.	*He sold his flat.*

Do not confuse the above example with:

El i-a vîndut apartamentul.	*He sold his (someone else's) flat.*

The noun may also be used in the *a* form:

Îmi cumpăr un hamburger.	*I'm buying myself a hamburger.*
El şi-a luat un apartament în Cotroceni.	*He has got himself a flat in Cotroceni.*
Mi-a găsit un taxi la colţ.	*He found a taxi for me on the corner.*

(f) Reflexive verbs with *to me, to you*

A handful of verbs have to be preceded by *to me, to you,* etc. The most
common are:

a-şi imagina	*to imagine*
a-şi închipui	*to imagine*
a-şi aminti	*to remember*

Do not confuse them with the more common reflexive verbs presented
in Unit 7.

îmi imaginez	**ne** imaginăm
îţi imaginezi	**vă** imaginaţi
îşi imaginează	**îşi** imaginează
îmi închipui	**ne** închipuim
îţi închipui	**vă** închipuiţi
îşi închipuie	**îşi** închipuie
îmi amintesc	**ne** amintim

îţi aminteşti	vă amintiţi
îşi aminteşte	îşi amintesc

(g) Further uses of *to me, to you*, etc.

In certain constructions introduced in English by *I, you,* in Romanian you say *to me, to you*:

Mi-e foame.	*I am hungry (Lit. to me there is hunger).*
Mi-e sete.	*I am thirsty (Lit. to me there is thirst).*
Mi-e somn.	*I am sleeping (Lit. to me there is sleep).*
Mi-e rău.	*I feel ill (Lit. there is ill to me).*

Other examples:

Ti-e greu.	*It is difficult for you.*
Ne e frig.	*We are cold (Lit. there is cold to us).*
Vă e cald?	*Are you warm? (Lit. to you is there warmth?)*
I-e frică.	*He/she is afraid (Lit. to him/her there is fear).*
Mi-e dor (de)....	*I miss.... (Lit. there is longing to me (of)....)*

3 All, every

All and *every* can be expressed by the same word in Romanian **tot**. **Tot** is an adjective and therefore when it stands next to a noun it makes its form agree. The noun, in its turn, must be in the *the* form. Here are some examples:

Masculine	
tot anul	the whole year
toţi englezii	all Englishmen, all English people

Feminine	
toată strada	all the street, the whole street
toată lumea	the whole world, everybody
toate femeile	all the women

Neuter	
tot timpul	all the time
tot adevărul	the whole truth
în toate cazurile	in all (the) cases

Occasionally you will meet the form **tuturor** meaning *of all the, to all the*, but more often than not *of all the* is indicated by **tot/toată** preceded by **a** and *to all the* is indicated by **tot/toată** preceded by **la**:

Cadourile **tuturor** copiilor sînt sub pom.	*All the children's presents are under the tree.*
Am trimis invitații la **toată** lumea.	*I sent invitations to everyone.*

The forms of **tot** can also be used on their own:

Tot ce faci este greşit.	*Everything you do is mistaken.*
Infirmierele nu se ocupă de copii, **toate** sînt leneşe.	*The nurses don't look after the children, all of them are lazy.*
Soldaţii sînt curajoşi, **toţi** sînt eroi.	*The soldiers are courageous, all are heroes.*

Dialog

Here are two vivid memories of Paris.

Nicu Îţi aduci aminte cum era la Paris pe vremea asta acum 20 de ani? Ce toamnă frumoasă!

Elena Cum să nu! Nu pot uita! Eram tineri pe atunci şi făceam zeci de kilometri pe jos. Voiam să vedem cît mai mult. Căscam gura la toate vitrinele, ne băgam nasul peste tot. Ni se părea (*it seemed to us*) că vacanţa nu se va termina niciodată.

Nicu Îl mai ţii minte pe puştiul acela blond cu nasul pistruiat? Ori de cîte ori îl vedeam pe stradă îi dădeam bani ca să ne păzească maşina.

Elena Zîmbea tot timpul şi părea fericit.

Nicu Şi-ţi aminteşti ce frumos desena? Voia să devină pictor. Adevărul e că avea talent.

Elena Ce vremuri! Ce tineri eram pe atunci! Cu cîţiva ani mai mari ca puştiul...Şi credeam că vom rămîne tineri...

Nicu Şi n-am rămas?

Elena Ba da. Avem suflet tînăr şi păr cărunt.

România şi românii

Romania has five principal regions which are notable for their distinct geographical features which make the country one of the most scenically attractive in Europe. Transylvania is the largest of the regions and is bounded on its eastern and southern flank by the Carpathian mountains which in the past offered a natural defence against invasion from the East. Its original Romanian inhabitants were joined in the tenth century by Hungarians and in the late 12th century by Germans.

To the east of Transylvania is Moldavia, which extends from the Carpathians to the river Dniester. In 1940, the area of the province between the rivers Prut and Dniester was annexed under duress by the Soviet Union, despite the fact that about 60 per cent of the population was Romanian. In 1990, the Romanians of this part of Moldavia proclaimed their sovereignty from the Soviet Union and renamed their territory the Republic of Moldavia. The Republic should not be confused with the rest of Moldavia which has remained part of Romania.

Wallachia, the third region, lies to the south and is an area of fertile plains. Romania's capital Bucharest lies in the centre of the region. To the east, on the Black Sea coast, is Dobrogea, which was ruled by the Turks until 1878. Its principal city is Constanţa, Romania's chief port. The fifth region is the Banat, bordering on Yugoslavia. Timişoara where the Romanian revolution started in December 1989, is its best known urban centre.

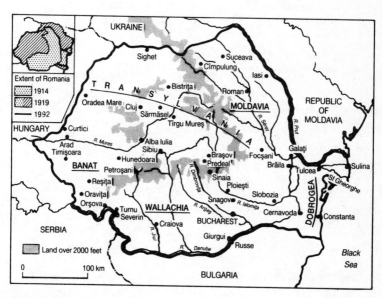

Romania divided into five regions

Exerciții

1 Listen to, or read, the dialogue again and put the verbs in the present tense into the imperfect tense.

2 Put the bold verbs into the imperfect.
Example: Cînd **am fost** la Paris **am admirat** vitrinele magazinelor.
Cînd eram la Paris admiram vitrinele magazinelor.

(a) Cînd **am fost** la Paris **am admirat** vitrinele magazinelor.
(b) **Ați crezut** că sîntem vecini?
(c) **Au** mulți bani la ei pentru că **vor** să cumpere o mașină.
(d) Puștiul **zîmbește** tot timpul și **pare** fericit.
(e) Ori de cîte ori îl **văd spune** același lucru.
(f) Cînd **mergeți** în străinătate **luați** multe hărți cu voi.
(g) **Am crezut** că m-au uitat.

3 Choose the appropriate verbs from the list below to fill the blanks.
Example: Unde spuneați că este acel magazin?

(a) Unde _____ că este acel magazin?
(b) _____ aici cînd _____ despre acest film.
(c) _____ că George a cumpărat un apartament.
(d) Cine _____ masa?
(e) Puștiul _____ talent.
(f) _____ să devin pictor.
(g) _____ să mergem acolo mai des.
(i) eram, (ii) spuneați, (iii) punea, (iv) vorbea, (v) știați, (vi) avea, (vii) trebuia, (viii) voiam.

4 Supply the correct form of **tot**:
Example: Vorbea tot timpul despre cărți.

(a) Vorbea _____ timpul despre cărți.
(b) Îmi aduc aminte de _____ tinerii aceia.
(c) _____ vitrinele erau superbe.
(d) _____ piața este plină de fructe.
(e) Stăteau la mare _____ vara.
(f) _____ scaunele sînt ocupate.
(g) Îi știu pe _____ prietenii tăi.

5 Use the required *to me, to you*, etc. forms of the pronouns in brackets.
Example: Nu mi-ai spus unde este teatrul.

(a) Nu (**eu**)-ai spus unde este teatrul.
(b) (**El**)-am dat un telefon.
(c) (**Dvs**)-aţi amintit unde stă Elena?
(d) Nu cred că (**voi**)-aţi închipuit că vă laudă.
(e) (**Eu**)-am imaginat că trenul pleacă la timp.
(f) (**Tu**)-ai amintit ce (**tu**)-am spus acum o oră?
(g) (**Ea**)-am dat bani să cumpere bilete de teatru.

6 Put the past tense verbs in the previous exercise into the present.
Example: Nu-mi spui.

7 Answer the questions following the example:
   Example: Trebuie să-i dai telefon chiar acum?
   Nu, îi voi da telefon mai tîrziu.
   (a) Trebuie să-i dai telefon chiar acum?
   (b) Vrea să le scrie chiar acum?
   (c) Trebuie să-ţi citesc articolul chiar acum?
   (d) Trebuie să vă trimită cartea chiar acum?
   (e) Vreţi să-mi spuneţi asta chiar acum?
   (f) Doriţi să le oferiţi florile chiar acum?
   (g) Trebuie să ne arăţi maşina chiar acum?

8 Modify Exercise 7 following the example.
   Example: Trebuia să-i dai telefon chiar acum?
   Nu, îi puteam da telefon mai tîrziu.

9 Supply the answer following the example.
   Example: Cine îşi imagina că toată lumea va veni la timp?
   Eu îmi imaginam.
   (a) Cine îşi imagina că toată lumea va veni la timp? Eu _____
   _____
   (b) Cine îşi închipuia că trenul pleacă la timp? Noi _____
   _____
   (c) Cine îşi amintea că trebuia să şi mîncăm? Dvs _____
   _____
   (d) Cine îşi închipuia că puteam merge cu metroul? Ele _____
   _____
   (e) Cine îşi aducea aminte unde era casa lor? Tu _____ _____

10 Use all the persons of the verb.
    Example îmi place berea.
    îţi place berea.
    îi place berea, etc.
    (a) îmi place berea.   (c) îmi plac dulciurile.
    (b) nu-mi place aici.   (d) nu-mi plac programele.

12

DACĂ AȘ FI ...
If I were ...

In this unit you will learn

- more about the use of *to me, to you* etc.
- how to say *I would, you would*
- how to say *nothing, never, nor*

Before you start

In Unit 11, you were introduced to **îmi place** *I like*. As soon as you get on friendly terms with a Romanian you are likely to want to know his or her likes or dislikes. You will find the following conversational gambits useful:

Îmi place teatrul.	*I like the theatre.*
Nu-mi plac filmele de război.	*I don't like war films.*
Îmi place să merg la expoziții.	*I like to go to exhibitions.*
Vă place să stați la soare?	*Do you like sitting in the sun?*

 ——— **Cuvinte cheie** ———

același, aceeași, aceiași, aceleași the same	**a alege** to choose
a ajunge to reach, to be sufficient	**biolog, biologi** (m) biologist
	bogat, bogată, bogați, bogate rich

casetă video, casete video (f)
  videocassette
a călători to travel
a se căsători cu to get married
cineva someone
a conveni to suit
a crea to create
cuiva to/of someone
dată, date (f) date, data
a depinde de to depend on
eprubetă, eprubete (f) test tube
exact exactly
facultate, facultăți (f) faculty,
  university department
femeie, femei (f) woman
**genetic, genetică, genetici,
  genetice** genetic
a hoinări to wander about
inginerie (f) engineering
început, începuturi (n) beginning
a însemna to note down, to mark
  down
a înțelege to understand
lucru, lucruri (n) thing
mereu continually
a munci to work, to labour
a se naște to be born
nimic nothing
nimeni nobody
om, oameni (m) person, man
părinte, părinți (m) parent

a plăcea to be pleasing
profesie, profesii (f) profession
a promite to promise
sărac, săracă, săraci, sărace poor
a schimba to change
spate (n) back
teatru, teatre (n) theatre
a trăi to live
videorecorder, videorecordere (n)
  video-recorder
vis visuri/vise (n) dream, dreams
  (for future)/dreams (in sleep)
a visa to dream
viață, vieți (f) life
o dată once, on one occasion
de două ori twice
a lua masa to have a meal
în restul timpului the rest of the
  time
nu prea not very
opt luni pe an eight months of
  the year
a sta cu nasul în cărți to sit with
  one's nose in a book
tot ce dorești everything you wish
a trăi pe spatele cuiva to live off
  someone
a urma o facultate to do a university
  degree
Îmi ajunge. It's enough for me.
Îmi convine. It suits me.

 Explicații

1 Saying 'to me', 'to you', etc. with emphasis

In the previous unit you learnt how to say *to me, to you.* Just as *me* and *you* have in Romanian separate forms for emphasis, so too do *to me* and *to you.* The use of the emphatic forms is optional but you will never find them in place of the unstressed forms and they are usually used with them. You will see from the examples that the emphatic forms may either precede or follow the verb. To help you associate the unstressed and emphatic forms of *to me* and *to you* the former are reproduced for reference in brackets (see the box on the next page):

(*îmi*)	mie	to me	(*ne*)	nouă	to us
(*îţi*)	ţie	to you	(*vă*)	vouă	to you
(*îţi*)	dumitale	to you	(*vă*)	dumneavoastră	to you
(*îi*)	lui	to him	(*le*)	lor	to them
(*îi*)	ei	to her	(*le*)	lor	to them
(*îşi*)	sie	himself, herself, themselves but often replaced by **lui**, **ei** or **lor**			

Mie îmi place să folosesc acest manual.	*I like using this textbook.*

Ţie ţi-am spus să nu pleci fără mine. — *I told you not to leave without me.*

Lor nu le convine să ridicăm această problemă. — *It does not suit them for us to raise this problem.*

I-am promis şi ei că vom merge. — *I promised her too that we would go.*

The emphatic **sie** corresponding to **îşi** is usually replaced by **lui**, **ei** or **lor**:

Mi-a luat mie un whisky şi ei şi-a luat o bere. — *She got me a whisky and for herself she got a beer.*

Further uses of the emphatic forms

Certain prepositions such as *because of* and *thanks to* are followed by the emphatic forms of *to me* and *to you*. The three principal examples are:

datorită	*because of*
mulţumită	*thanks to*
graţie	*thanks to*

Mulţumită lor aţi putut pleca în Statele Unite. — *Thanks to them you were able to leave for the United States.*

Datorită mie au pierdut trenul. — *They missed the train because of me.*

2 More about the unemphatic 'to me', 'to you', etc.

In Unit 11, the shortened forms of *to me* and *to you* were presented with the past tense and with **să**, eg.

Ea mi-a trimis banii. — *She sent me the money.*
El a vrut să-i dea aprobarea. — *He wanted to give her the permission.*

These reduced forms are also used, but with slight modifications, when they occur alongside *it* and *them*. Remember that *it* can be expressed by either **îl** or **o**, depending on whether it refers to a masculine or feminine noun, and that similarly *them* can be expressed by **îi** or **le**. Note that both **îl** and **îi** are also reduced. Here are a number of examples:

el are un plic	el **mi-l** dă	*he gives it to me*
el are niște bani	el **mi-i** dă	*he gives them to me*
ea are două chei	ea **mi le** dă	*she gives them to me*
Radu are un mesaj	Radu **ți-l** dă	*Radu is giving it to you*
Nicu aduce flori	el **ți le** va da	*he will give them to you*
avem două fotolii	noi **ți le** dăm	*we're giving them to you*
am două pardesie	eu **ți le** dau	*I'm giving them to you*

In the above examples we could substitute the following:

el are un plic	el **i-l** dă	*he gives it to him/her*
el are niște bani	el **i-i** dă	*he gives them to him/her*
ea are două chei	ea **i le** dă	*she gives them to him/her*
Radu are un mesaj	Radu **ni-l** dă	*Radu is giving it to us*
Nicu aduce flori	el **ni le** va da	*he will give them to us*
avem două fotolii	noi **vi le** dăm	*we're giving them to you*
am două pardesie	eu **li le** dau	*I'm giving them to them*

With **o** *her, it* the reduced forms of *to me, to you* are the same as those used with the past:

ea mi-o spune	*she says it to me*
ea ți-o spune	*she says it to you*
ea i-o spune	*she says it to him/her*
ea ne-o spune	*she says it to us*
ea v-o spune	*she says it to you*
ea le-o spune	*she says it to them*
ea și-o spune	*she says it to herself*

Further examples:

el mi-o va spune	*he will say it to me*
el mi-a spus-o	*he said it to me*
noi v-am trimis-o	*we sent it to you*
voi le-ați trimis-o	*you sent it to them*

(a) The shortened forms of *to me, to you* with impersonal verbs

For simplicity's sake we will call an impersonal verb one which does not have a person as its subject, or as the *doer* of an action. **A se întîmpla** *to happen* and **a se părea** *to seem* are examples of impersonal verbs in Romanian because we have to use the verb in a manner of *it happens to me, it seems to me,* and not *I happen, I seem.* Since both these verbs are reflexive in Romanian *to me* will be expressed by the shortened form:

mi se pare	*it seems to me*	**ni se pare**	*it seems to us*
ți se pare	*it seems to you*	**vi se pare**	*it seems to you*
i se pare	*it seems to him/her*	**li se pare**	*it seems to them*

mi se întîmplă *it happens to me*

mi s-a părut	*it seemed to me*	**ni s-a părut**	*it seemed to us*

Note these other impersonal expressions:

Mi se cuvine	*This is my due.*
Ți se face dor de România?	*Do you miss Romania?*
I s-a făcut foame.	*He got hungry.*
Ni s-a făcut rău.	*We became ill.*
Nu mă mir că vi s-a făcut sete.	*I'm not surprised that you developed a thirst.*
Li s-a făcut somn.	*They became sleepy.*

(b) It is also in a similar impersonal manner that verbs may be used when you wish to avoid attributing actions or remarks to a person. This is a common practice in Romanian and requires the use of the reduced forms of *to me,* etc. In English, we can translate such constructions by *I was (told), (sent), (given), you were (told), (sent), (given).*

Mi s-a spus că au sosit.	*I was told that they had arrived.*
Ni s-au dat multe cărți.	*We were given many books.*
Nu li s-a oferit nimic.	*Nothing was offered to them.*

3 Saying 'I would'

To use a verb in its *would* form in Romanian we simply place auxiliary forms in front of the infinitive without **a**. Here are some examples:

aș da	*I would give*	**am da**	*we would give*
ai da	*you would give*	**ați da**	*you would give*
ar da	*he/she would give*	**ar da**	*they would give*
aș avea	*I would have*	**am avea**	*we would have*
ai avea	*you would have*	**ați avea**	*you would have*
ar avea	*he/she would have*	**ar avea**	*they would have*

aş vinde	*I would sell*	**am vinde**	*we would sell*
ai vinde	*you would sell*	**aţi vinde**	*you would sell*
ar vinde	*he/she would sell*	**ar vinde**	*they would sell*
aş vorbi	*I would speak*	**am vorbi**	*we would speak*
ai vorbi	*you would speak*	**aţi vorbi**	*you would speak*
ar vorbi	*he/she would speak*	**ar vorbi**	*they would speak*

You will find the **aş da, aş avea** forms commonly used following **dacă** *if*, but note that in English *if* is followed by the past tense.

Dacă aş avea timp aş merge la birou.
If I had time I would go to the office.

Ar veni dacă ar primi o invitaţie.
He would come if he received an invitation.

The same reduced forms of *to me, to you*, etc. are used with *would* as with the past tense:

Dacă ar cere o mînă de ajutor, l-am ajuta.
If he asked for a helping hand we would help him.

Nu m-ar deranja dacă ea nu ar vrea să participe.
It wouldn't upset me if she didn't want to take part.

Ce-ai spune dacă ţi-ar trimite un calculator şi un imprimant?
What would you say if they sent you a word processor and a printer?

4 Saying 'I would have'

This is done in Romanian by using **aş fi** *I would be* and the past participle of the required verb.

aş fi dat	*I would have given*	**am fi** dat	*we would have given*
ai fi dat	*you would have given*	**aţi fi** dat	*you would have given*
ar fi dat	*he/she would have given*	**ar fi** dat	*they would have given*
aş fi avut	*I would have had*	**am fi** avut	*we would have had*
ai fi avut	*you would have had*	**aţi fi** avut	*you would have had*
ar fi avut	*he/she would have had*	**ar fi** avut	*they would have had*
aş fi vîndut	*I would have sold*	**am fi** vîndut	*we would have sold*
ai fi vîndut	*you would have sold*	**aţi fi** vîndut	*you would have sold*
ar fi vîndut	*he/she would have sold*	**ar fi** vîndut	*they would have sold*
aş fi vorbit	*I would have spoken*	**am fi** vorbit	*we would have spoken*

ai fi vorbit	*you would have spoken*	**aţi fi** vorbit	*you would have spoken*
ar fi vorbit	*he/she would have spoken*	**ar fi** vorbit	*they would have spoken*

Study these examples and compare them with those illustrating *I would*:

Dacă aş fi avut timp aş fi mers la birou.	*If I had had time I would have gone to the office.*
Ar fi venit dacă ar fi primit o invitaţie.	*He would have come if he had received an invitation.*
Dacă ar fi cerut o mînă de ajutor l-am fi ajutat.	*If he had asked for a helping hand we would have helped him.*
Nu m-ar fi deranjat dacă ea nu ar fi vrut să participe.	*It wouldn't have upset me if she had not wanted to take part.*
Ce-ai fi spus dacă ei ţi-ar fi trimis un calculator şi un imprimant?	*What would you have said if they had sent you a word processor and a printer?*
De ce nu le-ai scris? Ai fi putut să le scrii?	*Why didn't you write to them? You could have written to them?*

In conversation *would* can also be rendered by the imperfect *was* forms:

De ce nu le-ai scris? Puteai să le scrii?	*Why didn't you write to them? You could have written to them?*
Ce spuneai dacă îţi trimiteau un videorecorder?	*What would you have said if they had sent you a videorecorder?*
Era bine dacă puteai să vii ieri.	*It would have been a good thing had you been able to come yesterday.*
Eu nu aranjam această întîlnire dacă ştiam.	*I wouldn't have arranged this meeting had I known.*

✳ English *would* is not always the equivalent of **aş, ai,** etc. In reported speech in English you may meet statements containing *would* which is expressed by the future in Romanian:

Am spus că o să vin.	*I said that I would come.*
Am spus că aş fi venit dacă aş fi găsit un taxi.	*I said that I would have come had I been able to find a taxi.*

5 Nothing, never, nor

In Romanian these words are:

nimic	*nothing*
niciodată	*never*
nici	*neither, nor*
nici un/o	*not one*
nicăieri	*nowhere*
nimeni	*nobody*

When used with a verb they have to be accompanied by **nu** *no*:

Eu **nu** aud **nimic**.   *I hear nothing (Lit. I don't hear nothing).*

Ei **nu** ascultă **niciodată**.   *They never listen.*

Nici noi **nu** vrem să mergem.   *Nor do we want to go.*

Nu am **nici un** motiv să mă plîng.   *I have no reason to complain.*

Nu l-am găsit **nicăieri**.   *I couldn't find him anywhere.*

Nimeni nu ne iubeşte.   *Nobody loves us.*

Nu iubesc pe **nimeni**.   *I don't love anyone (on **pe** see Unit 10 page 96).*

Nu auzi **nimic**? Nimic.   *Can't you hear anything? No, nothing.*

România şi românii

The Carpathian mountains run down the centre of Romania like a backbone and are a source of great natural wealth. In the foothills are more than 1000 sources of mineral water but less than 100 are tapped and bottled for sale. There are some 160 spas where tourists, both foreign and Romanian, come for therapeutic treatment. The mountains also provide several excellent centres for winter sports. One of the most popular is Poiana Braşov, some ten miles to the north of the Transylvanian city of Braşov, which annually receives many thousands of foreign tourists, especially from Britain.

You will also find a great deal of wildlife in the Carpathians. It has been spared the excesses of over-hunting characteristic of some of Romania's neighbours and there are still many brown bears, wild boar and red deer. Efforts are now being made to establish conservation areas where hunting of these animals will be strictly controlled. Many Romanians spend their holidays walking and hiking in the mountains and you will see many signposted trails served by cabins especially built to offer shelter.

Dialog

George is reflecting with his friend Maria on the things they wanted to do when they were young.

George Ce-ai face dacă te-ai mai naşte o dată?

Maria Dacă ar trebui să iau viaţa de la început aş vrea să călătoresc.

George Dar pentru asta ţi-ar trebui bani. N-ai putea hoinări fără să fii bogată. Şi nu cred că ţi-ar conveni să trăieşti pe spatele părinţilor.

Maria Nu, asta nu! Nu mi-ar conveni să depind de cineva.

George Ce profesie ai alege?

Maria Mi-ar plăcea să fac inginerie genetică, să creez viaţă.

George Dar asta ar însemna să stai toată ziua cu nasul în cărţi şi în eprubete!

Maria Nu. Aş lucra opt luni pe an, iar în restul timpului aş călători. Şi tu ce-ai face?

George Aş face exact acelaşi lucru.

Maria Cum adică? Şi tu ai vrea să faci biologie şi să călătoreşti?

George N-ai înţeles. N-aş schimba nimic din viaţa pe care am dus-o. M-aş căsători cu aceeaşi femeie, aş urma aceeaşi facultate, aş dori să am aceiaşi copii şi mi-aş lua acelaşi cîine.

Maria Asta înseamnă că nu prea visezi.

George Cum să nu! Dar pînă acum mi s-au împlinit toate visele.

Exerciţii

1 Choose the correct answers to the questions from the list provided below.

  (a) Ce-ar face Maria dacă ar lua viaţa de la început?
  (b) I-ar conveni să trăiască pe spatele părinţilor?
  (c) Cîte luni pe an ar lucra?
  (d) Ce-ar face George dacă s-ar mai naşte odată?

  (i) Ar vrea să fie biolog şi ar călători.
  (ii) Ar face aceleaşi lucruri.
  (iii) Ar lucra opt luni pe an.
  (iv) Nu i-ar conveni să depindă de nimeni.

2 Supply the required emphatic forms of *to me, to you,* etc. according to the example.

Example: Ţi-a plăcut filmul? Eu, el _____ _____.
   Mie mi-a plăcut, dar lui nu i-a plăcut.

(*a*) Ţi-a plăcut filmul? Eu, el _____ _____.
(*b*) Vă place cartea? Noi, ea _____ _____.
(*c*) Le place să călătorească? Ei, noi _____ _____.
(*d*) Îţi place acest apartament? Eu, ea _____ _____.
(*e*) Îi plac restaurantele? El, voi _____ _____.
(*f*) Vă place să faceţi cumpărături? Noi, tu _____ _____.
(*g*) V-a plăcut scrisoarea lui? Noi, ele _____ _____.
(*h*) I-a plăcut vinul? El, eu _____ _____.
(*i*) Îţi place teatrul? Eu, voi _____ _____.

3 Replace the present tense by the *would* forms:
Example: Vrem să călătorim.
   Am vrea să călătorim.

(*a*) Vrem să călătorim.
(*b*) Poate veni la timp.
(*c*) Hoinăriţi toată ziua.
(*d*) Dacă ai bani, cumperi această maşină.
(*e*) Mă duc să văd o expoziţie.
(*f*) Asta înseamnă că merge cu noi la mare.
(*g*) Mănînci numai la restaurant dacă ai bani.
(*h*) Dacă nu munceşte, trăieşte pe spatele părinţilor.

4 Give the *would* form of the verb in brackets.
Example: (a trebui) să plecăm cu trenul.
   Ar trebui să plecăm cu trenul.

(*a*) (**a trebui**) să plecăm cu trenul.
(*b*) Cine (**a-şi închipui**) asta?
(*c*) (**a putea**) să te ajut.
(*d*) Unde (**a vrea**) să luaţi masa?
(*e*) Eu (**a da**) telefon dacă (**a şti**) numărul.
(*f*) Ea (**a alege**) acelaşi vin.
(*g*) Noi (**a dori**) să veniţi cu noi la munte.

5 Answer the following questions according to the example.
Example: Cui i-e foame? (Eu)
   Cui i-e foame? Mie mi-e foame.

(*a*) Cui i-e foame? (**Eu**)
(*b*) Cui i-e sete? (**Noi**)
(*c*) Cui i-e frică? (**Tu**)

(*d*) Cui i-e cald? Și (**eu**) și (**el**)

(*e*) Cui i-e indiferent? (**Ei**)

(*f*) Cui i-e frig? (**Voi**)

(*g*) Cui i-e somn? (**Ea**)

(*h*) Cui i-e rău? (**Ele**)

(*i*) Cui i-e dor? (**Eu**)

6 Translate into English.

(*a*) Ar trebui să mergem cu mașina dar ne este teamă că nu vom ajunge la timp.

(*b*) Ar fi bine dacă ați putea vorbi cu ei.

(*c*) Ce-ai spune dacă l-ai vedea?

(*d*) Nu v-ar mai fi sete dacă ați bea o bere.

(*e*) Ne-ar conveni să călătorim cu avionul.

(*f*) N-ați sta aici toată vara..

7 Use the correct form of **acelaşi**.

Example: Am vrea să luăm masa în acelaşi restaurant.

(*a*) Am vrea să luăm masa în _____ restaurant.

(*b*) Ați putea vorbi cu _____ studente.

(*c*) Nu vedeți niciodată _____ filme de două ori.

(*d*) El urmează _____ facultate.

(*e*) În _____ piață poți găsi tot ce dorești.

(*f*) Visează mereu _____ vis.

(*g*) La hotel văd _____ oameni.

8 Translate into Romanian.

(*a*) I was at the same hotel two or three times.

(*b*) Our friends travel three months each year.

(*c*) Maria spends the whole day with her nose buried in books.

(*d*) These children have everything they need.

(*e*) You don't like living off someone else.

(*f*) John says that if he could have his life over again he would still lead the same life.

9 Replace the possessive adjective with the *to me, to you* forms.

Example: Am găsit cheile mele pe masă.

Mi-am găsit cheile pe masă.

(*a*) Am găsit cheile mele pe masă.

(*b*) Nu ați luat cărțile voastre.

(*c*) George ar trebui să termine cartea lui.

(*d*) Vreți să închiriați apartamentul vostru.

(*e*) Va trebui să trăiești viața ta.

(*f*) Vor să bea vinul lor.

13

RECAPITULARE
Revision

1 Listen to the tape and write out the text. If you don't have the cassette look at the transcription in the **Key to the exercises** on page 204.

2 Translate the text into English.

3 Supply the correct preposition.

Example: Voiam să vă întreb dacă vreţi să mergeţi _____ mare săptămîna viitoare.

Voiam să vă întreb dacă vreţi să mergeţi **la** mare săptămîna viitoare

(a) Voiam să vă întreb dacă vreţi să mergeţi _____ mare săptămîna viitoare.

(b) De azi _____ o săptămînă trebuie să plecăm _____ România.

(c) De două ori _____ an mergem la munte _____ copiii noştri.

(d) _____ ce pot să călătoresc, _____ trenul sau _____ avionul?

(e) Doamna Georgescu vine mîine _____ Londra şi pleacă _____ o săptămînă _____ Paris.

4 Use the model to answer the following.

Example: Acesta este copilul dumneavoastră sau al lor?

Este copilul meu.

(a) Acesta este copilul dumneavoastră sau al lor?

(b) Sînt bagajele tale sau ale lor?

(c) Aceştia sînt colegii noştri sau ai tăi?

(d) Aceasta este camera ta sau a lui?

(e) Este maşina ta sau a noastră?

(f) Acestea sînt valizele tale sau ale ei?

5 Replace the bold nouns with the required form of *to him, to her, to them.*

Example: Am spus **colegilor mei** că plec la mare de mîine într-o săptămînă.

Le-am spus că plec ...

(a) Am spus **colegilor mei** că plec la mare de mîine într-o săptămînă.

(b) Aţi dat telefon **doamnei Pascali**?

(c) Aş trimite nişte cărţi **prietenului meu**.

(d) Veţi putea spune **vecinilor dumneavoastră** că vă mutaţi.

(e) Scriam o scrisoare **soţiei mele**.

6 Use the reflexive pronouns.

Example: _____ **aş duce la piaţă.**

M-aş duce la piaţă.

(a) _____ aş duce la piaţă.

(b) _____ va muta luna viitoare.

(c) Cum _____ numiţi?

(d) Vrem să _____ uităm la televizor.

(e) _____ întrebi cînd vine următorul tren?

(f) Ce _____ întîmplă cu el?

7 Answer the questions using the non-emphatic forms of *me, him, us,* and so on.

Example: Cumpăraţi casa? O cumpărăm.

(a) Cumpăraţi casa?

(b) Vedeţi filmul?

(c) O să ia trenul?

(d) Au găsit strada?

(e) Ai citit cartea?

(f) Aţi pierdut cheile?

8 Replace the past tense with the *should* forms.

Example: Am făcut o călătorie lungă.

Am face o călătorie lungă.

(a) Am făcut o călătorie lungă.

(b) V-aţi întors la timp.

(c) S-au uitat la un film.

(d) Mi-am închipuit că sînt la mare.

(e) I-a plăcut cartea.

(f) Ne-am dus la un restaurant.

9 Repeat Exercise 8 using the three forms of the future.
Example: Am făcut o călătorie lungă.
Voi face/o să fac/am să fac.

10 Use the pronouns according to the example.
Example: Mă trezesc, m-am trezit, o să mă trezesc la ora 9.

(a) Mă trezesc la ora 9.

(b) Ne sculăm devreme.

(c) Vă gîndiți des la Maria?

(d) Își imaginează că este bogat.

(e) Se crede Dumnezeu.

11 Following the example use the emphatic form of the pronoun.
Example: Le-am dat telefon. Lor le-am dat telefon.

(a) Le-am dat telefon.

(b) V-am invitat la noi.

(c) Ți-am cumpărat un ceas.

(d) I-am cerut biletul meu.

(e) Ne-a văzut la cinema.

(f) Mi-au vîndut casa.

(g) Nu ți-a spus?

14

OBIECTELE PERSONALE
People's belongings

In this unit you will learn

- more ways of expressing *of*
- how to say *mine, yours*
- how to ask *whose?*
- how to say *whom, which*
- the names of countries, towns and rivers

 —————— ## Cuvinte cheie ——————

a acuza to accuse
aeroport, aeroporturi (n) airport
asociat, asociată, asociați, asociate
  associated
bagaj, bagaje (n) baggage
a bănui to suspect
care who, which
călător, călători (m) traveller
călătoare, călatoare (f) traveller
călătorie, călătorii (f) journey
cămașă, cămăși (f) shirt
a căuta to look for
chiar even
coleg, colegi (f) colleague
colegă, colege (m) colleague
a completa to complete

complice, complici (m) accomplice
a conține to contain
a declara to declare
dialog, dialoguri (n) dialogue
doar only
drog, droguri (n) drug
exact exactly
formular, formulare (n) form
frontieră, frontiere (f) frontier
gratie, gratii (f) metal bar
grănicer, grăniceri (m) border guard
haină, haine (f) jacket, clothing
iar and, but
indispus, indispusă, indispuși,
  indispuse irritated
lămîie, lămîi (f) lemon

lucru, lucruri thing
măsură, măsuri (f) measure
nevastă, neveste (f) wife
pașaport, pașapoarte (n) passport
a-și permite to allow oneself
a permite to permit
a pierde to lose
a privi to look at, to regard
pungă, pungi (f) bag, pouch
a purta to carry, to wear
sare, săruri (f) salt
soț, soți (m) husband
soție, soții (f) wife
suspiciune, suspiciuni (f) suspicion

traficant, traficanți (m) trafficker
  (eg. drugs trader)
traficantă, traficante (f) trafficker
valiză, valize (f) suitcase
vamă, vămi (f) customs
vameș, vameși (m) customs officer
viză, vize (f) visa
Ce păcat! What a pity!
controlul bagajelor baggage check
Nici gînd. It didn't enter my mind.
Nu mai spune! You don't say!
om de afaceri businessman
a scăpa ocazia to miss the
  opportunity

 ———————— **Explicații** ————————

1 *Other ways of saying* of

In Unit 9, you saw how Romanian expresses *of the*. When you want to
say *of mine* or just *mine* and associated words in Romanian you use one
of the following, depending on the type of noun:

	m	f	n
singular	al	a	al
plural	ai	ale	ale

Valiza este a mea.   *The case is mine.*
Apartamentul nu este al lui.   *The flat isn't his.*
Biletele acestea nu sînt ale lor.   *These tickets are not theirs.*
Copiii sînt ai noștri.   *The children are ours.*
Mașina este a ta?   *Is the car yours?*

(a) When using the indefinite form of the noun, (i.e. preceded by **un, o**
or **niște**), **al** is also used to express *of,* but we may find it preceded by
de:

o prietenă **de-a** mea   *a friend of mine*
un prieten **de-al** lui   *a friend of his*
niște sfudenți **de-ai** lor   *some students of theirs*
niște copii **de-ai** noștri   *some children of ours*
o studentă **de-a** ta   *a student of yours*

(b) **Al** and **a** are also used before *of the* and *of a* forms of the noun:
o problemă **a** aprovizionării   *a supply problem*

această abordare **a** problemei	*this approach to the problem*
această abordare **a** unei probleme	*this approach to a problem*
noul apartament **al** prietenilor noștri	*our friends' new flat*
documentele importante **ale** doamnei	*the lady's important documents*
visul grandios **al** unui politician	*a politician's grandiose dream*

✳ Note, however, that when the *the* form of a noun directly precedes an *of the* or *of a* form **al** is no longer used. Refer back to Unit 9.

Compare:

documentele importante ale doamnei	*the lady's important documents*

with:

documentele doamnei	*the lady's documents*
noul apartament al prietenilor noștri	*our friends' new flat*

And:

apartamentul prietenilor noștri	*the flat of our friends*
această abordare a problemei	*this approach to the problem*

And:

abordarea problemei	*the approach to the problem*
un ecou al trecutului	*an echo of the past*

And:

ecoul trecutului	*the echo of the past*

(c) **A** alone is used with numbers:

Sînt proprietar a două apartamente.	*I am the owner of two flats.*

2 Asking 'whose?' and 'to whom?'

The **al** forms are also used to ask *whose?* in Romanian. You have been introduced to **cine** meaning *who* and **pe cine** *whom* in Unit 10 page 97. *Whose* is indicated by using the form **cui** preceded by **al, a**, and so on, whose forms must agree with the thing possessed:

Al cui este acest bagaj?	*Whose luggage is this?*
Ai cui sînt copiii?	*Whose children are these?*
Ale cui sînt hîrtiile?	*Whose papers are these?*
A cui este această pungă?	*Whose is this (plastic) bag?*

Cui on its own means *to whom?*. It is used with the form *to him, to her*.

Cui îi scrii?	*Who are you writing to?*
Cui îi trebuie un pix?	*Who needs a ballpoint pen? (To whom is necessary a pen?)*
Cui îi foloseşte?	*Who does it benefit? (To whom is it useful?)*
Cui îi place filmul?	*Who likes the film? (To whom is the film pleasing?)*

Note that **al cui** and **cui** are used to introduce questions. They should not be confused with **care** which is explained below.

3 Care *for saying who, which*

When you want to **say** rather than **ask** *who* and *which* in Romanian the word **care** is used. **Care**, however, can also mean *which one* in a question.

Acolo este studentul **care** se tot uită la mine.	*There is the student who keeps looking at me.*
Care zbor pleacă azi?	*Which flight is leaving today?*
Trenul **care** pleacă acum nu opreşte la Cluj.	*The train (which is) now leaving does not stop at Cluj.*
Ouăle **care** se vînd în piaţă nu sînt proaspete.	*The eggs (which are) on sale in the market aren't fresh.*

(*a*) When denoting the object of a verb **care** is preceded by **pe** and must be supported by either **îl, o, îi** or **le** depending on the nature of the noun it follows. It is often translated by *that* in this context.

Este chiar restaurantul pe care îl caut.	*It is the very restaurant that I am looking for.*
Cartea pe care o citesc.	*The book which I am reading.*
Biletele pe care le-am cumpărat sînt bune.	*The tickets which I bought are good.*
Banii pe care i-am cheltuit.	*The money which I spent.*

Note that in the above examples:

îl agrees with	**restaurant**
o	**cartea**
le	**biletele**
îi	**banii**

(*b*) To denote *whose* and *of which* (but, remember, not in a question) these forms are used.

	m/n	**f**
singular	(al, a, ai, ale) **cărui**	(al, a, ai, ale) **cărei**
plural	(al, a, ai, ale) **căror**	(al, a, ai, ale) **căror**

Acesta este domnul a cărui valiza a dispărut.	*This is the man whose suitcase has disappeared.*
Este hotelul al cărui lift nu merge.	*It is the hotel whose lift doesn't work.*
Ai cărui vecin sînt aceşti cîini?	*Which neighbour do these dogs belong to?*
Persoanele ale căror bilete sînt la recepţie sînt invitate să le ridice.	*The persons whose tickets are at the reception are asked to collect them.*

In the above examples **cărui/cărei/căror** agree with the possessor and **al/a/ai/ale** with the thing possessed.

When **cărui, cărei** and **căror** stand on their own denoting a person they become **căruia, căreia** and **cărora**:

Al căruia dintre ei este paşaportul?	*Whose is the passport?*
A căreia dintre ele este maşina?	*Whose is the car?*

(c) The forms **cărui(a)**, **cărei(a)** and **căror(a)** mean *to whom*. **Cărui(a)** and **cărei(a)** are supported by **îi** and **căror(a)?** by **le**:

Cărei doamne îi daţi cărţile?	*To which lady are you giving the books?*
Căreia dintre ele i-ai trimis banii?	*To which of them (f) did you send the money?*
Căruia dintre ei i-ai trimis banii?	*To which of them (m) did you send the money?*
Institutele **cărora** le-am scris nu au răspuns.	*The institutes to which I wrote have not replied.*
Fata **căreia** i-am arătat poza.	*The girl to whom I showed the photo.*

(d) Other examples with **care**:

Aceasta este casa în care stă el.	*This is the house in which he lives.*
Restaurantul despre care am vorbit este pe colţ.	*The restaurant about which I spoke is on the corner.*
Prietenul cu care am venit doarme.	*The friend with whom I came is asleep.*

4 Some geographical names

(a) Countries

Most of them you will be able to recognise. Only a few of the countries outside Europe have not been listed since their names are the same as in English. With some less obvious names we have given you some help:

Comunitatea Economică Europeană (EC)
Comunitatea Statelor Independente (CSI)

America de Nord
Canada   **Statele Unite** (US)

America centrală
Mexic

America de Sud
Argentina   **Brazilia**

Africa
Maroc (Morocco)   **Republica Sud-Africană**

Asia
China   **Coreea de Nord**
Coreea de Sud   **Japonia**

Europa

Albania	**Anglia** (England)
Austria	**Belgia**
Bulgaria	**Cehoslovacia**
Danemarca	**Elveția** (Switzerland)
Finlanda	**Franța**
Germania	**Grecia**
Irlanda	**Islanda**
Italia	**Norvegia**
Marea Britanie (Great Britain)	**Polonia**
Olanda	**Scoția**
Portugalia	**Suedia**
Spania	**Ungaria**
Turcia	**Uniunea Sovietică** (USSR – now CIS, see above)
Țara Galilor (Wales)	
Croația	**Slovenia**

Orientul Mijlociu (The Middle East)

Arabia Saudită	**Irak**
Israel	**Siria**

Organizaţia Naţiunilor Unite (UN)

(b) Rivers

Dunărea	*the Danube*	Rinul	*the Rhine*
Nistrul	*the Dniester*	Volga	*the Volga*
Oltul	*the Olt*	Tamisa	*the Thames*

(c) Cities

Cities (of Romania)	Cities (of Europe)
Bucureşti	**Londra**
Cluj	**Berlin**
Iaşi	**Paris**
Timişoara	**Roma**

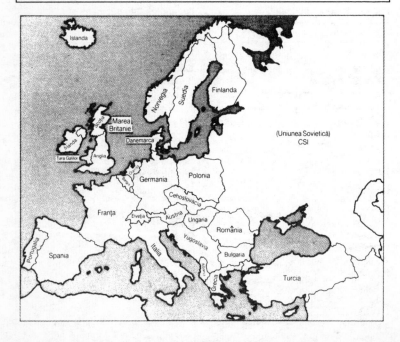

All the above names can act like nouns. You should therefore study these examples:

Roma este capitala Italiei.	*Rome is the capital of Italy.*
Centrul **Romei** este foarte curat.	*The centre of Rome is very clean.*
Delta Dunării este plină de pește.	*The Danube Delta is full of fish.*
Clujul este așezat pe rîul Someș.	*Cluj is situated on the river Somes.*

or

Orașul **Cluj** este așezat pe rîul Someș.	*Cluj is situated on the river Somes.*
Populația **Bucureștiului** este de două milioane de locuitori.	*Bucharest's population is two million.*

or

Populația orașului **București** este de două milioane de locuitori.	*Bucharest's population is two million.*
Copiii pleacă în **Mexic** iar părinții pleacă în **Franța**.	*The children are leaving for Mexico while the parents are off to France.*

(d) More about points of the compass

In Unit 5, you learnt the points of the compass. These too can act like nouns as the following examples will demonstrate:

Transilvania este în nordul României.	*Transylvania is in the north of Romania.*
Bucureștiul este în sudul țării.	*Bucharest is in the south of the country.*
Londra este în sud-estul Angliei.	*London is in the south east of England (Britain).*

But note:

Orașul Toronto este la nord de New York.	*Toronto is to the north of New York.*

România şi românii

One of Romania's greatest natural attractions is the Danube delta, an area of marshland at the mouth of the river Danube. It grows each year with the deposits of sediment brought by the river and is almost the size of Luxembourg. As yet largely unspoilt and undeveloped, the delta is a nature reserve of unparalleled diversity in Europe. In its waters are to be found more than 60 species of fish, among them the sturgeon which is largely fished for its roe or caviar. More than 300 kinds of birds are indigenous to or visit the delta throughout the year and it is a popular location for bird watchers from all over the world. Among the exotic visitors are flamingoes from the Nile delta, pelicans from the coasts of West Africa, and swans from Siberia.

The construction of a canal linking the Black Sea to the Danube has diverted some shipping from the delta channels and has reduced pollution of the waters. However, the bird life is under threat from plans to develop the delta for tourism.

Dialog

Trouble at the airport. George has to explain some suspicious looking plastic bags in his luggage to a customs officer on the path of drug smugglers.

George Ştii că azi-dimineaţă la aeroport am fost acuzat (*I was accused*) că sînt complicele unui traficant de droguri!

Radu Nu mai spune! Cum aşa?

George Să-ţi spun dialogul pe care l-am avut cu vameşul.
(Eu = (*George*) *myself*)

Vameşul Aveţi ceva de declarat?

Eu Sigur că am, am spus eu indispus.

Vameşul Unde e formularul?

Eu Care formular?

Vameşul Formularul pe care l-aţi completat.

Eu N-am completat nici un formular.

Vameşul Dar aţi spus că aveţi lucruri de declarat.

Eu Cine a spus că am lucruri de declarat?

Vameşul Dumneavoastră!

Eu Cui i-am spus?

Vameşul Mie.

Eu Nici gînd. Eu vreau doar să declar că această valiză pe care aţi deschis-o nu este a mea.

Vameşul	Dar a cui?
Eu	A colegului meu.
Vameşul	Şi unde este valiza dumneavoastră?
Eu	Chiar aici, lîngă valiza deschisă.
Vameşul	De unde pot şti că această valiză care pare să conţină droguri nu este a dumneavoastră?
Eu	Simplu. Uitaţi-vă la haine şi vedeţi ce măsură au.
Vameşul	Cămăşile sînt măsura 44.
Eu	Exact. Iar eu am 39, sînt om de afaceri, şi nu-mi permit să port cămăşi cu cinci numere mai mari.
Vameşul	Deci nu sînteţi traficant de droguri.
Eu	Bănuiesc că nici colegul meu a cărui valiză aţi deschis-o.
Vameşul	Dar ce credeţi că are în aceste pungi de plastic?
Eu	Sare de lămîie.
Vameşul	De unde ştiţi?
Eu	Eu i-am cumpărat-o pentru că el n-a avut timp de cumpărături.
Vameşul	Şi cine are nevoie de sare de lămîie?
Eu	Îi trebuie nevestei unui asociat al colegului meu.
Radu	Ai scăpat ocazia de a privi lumea din spatele gratiilor. Ce păcat!

 —————————— **Exerciţii** ——————————

1 If you have the cassette listen to the following dialogue and write it out. If you don't have the cassette look at the dialogue in the **Key to the exercises** on page 204.

2 Translate your text of the dialogue.

3 Choose the correct answer from the list below.
   Example: Cine are nevoie de viză de intrare pe paşaport?
   Turiştii.
   (a) Cine are nevoie de viză de intrare pe paşaport?
   (b) Cui trebuie să-i arătăm paşaportul?
   (c) Cine ne întreabă dacă avem ceva de declarat?
   (d) Al cui este acest bagaj?
   (e) Ale cui sînt acele valize?
   (f) Ai cui sînt copiii?
   (g) A cui este această pungă?
   (h) Pe cine trebuie să ajut la bagaje?

   (*i*) La cine stați în România?
   (*j*) Cu cine călătoriți?

(*i*) Grănicerului.	(*vi*) La niște prieteni.
(*ii*) Turiștii.	(*vii*) Ai prietenilor noștri.
(*iii*) Cu soția mea.	(*viii*) Vameșul.
(*iv*) A mea.	(*ix*) Pe acea doamnă.
(*v*) Ale noastre.	(*x*) Al meu.

4 Here are the answers to some questions. Ask the appropriate questions.

   Example: Este valiza mea.
               A cui este valiza?

   (*a*) Este valiza mea.
   (*b*) Noi putem să vă ajutăm.
   (*c*) Copilul călătorește cu mine.
   (*d*) Este haina acelui domn.
   (*e*) Pașaportul este al meu.
   (*f*) Eu am nevoie de viză de intrare.
   (*g*) Pe el puteți să-l întrebați.

5 Answer the questions on the model of the example.

   Example: Este pașaportul dumneavoastră?
               Nu, nu este al meu.

   (*a*) Este pașaportul dumneavoastră?
   (*b*) Este mașina ta?
   (*c*) Sînt copiii ei?
   (*d*) Sînt valizele tale?
   (*e*) Este casa lui?
   (*f*) Sînt biletele voastre?
   (*g*) Este apartamentul lor?
   (*h*) Sînt colegii tăi?

6 Complete the blanks with **al, a, ai, ale**.

   Example: Ai văzut noul apartament al prietenilor noștri?

   (*a*) Ai văzut noul apartament _____ prietenilor noștri?
   (*b*) Niște studenți de _____ lui au mîine examen.
   (*c*) Un coleg de _____ nostru vine azi să ne vadă.
   (*d*) Noua mașina _____ soției mele este foarte bună.
   (*e*) Am telefonat unor vecine de _____ mele.
   (*f*) Aceștia sînt niște asociați _____ domnului Popescu.
   (*g*) Acum pleacă în Franța o colegă _____ fiului meu.

7 Translate into English.

    (*a*) Care este colegul domnului Porter?

    (*b*) Pe care din ele o cumpăraţi?

    (*c*) Care este avionul dumneavoastră?

    (*d*) Cărui vameş i-aţi dat formularul?

    (*e*) Al cărui vecin sînt aceşti cîini?

    (*f*) Cărei doamne îi daţi cărţile?

    (*g*) Al căruia dintre ei este paşaportul?

8 Supply the correct form of **care**.

    Example: Doamna căreia i-am dat telefon este secretară.

    (*a*) Doamna ———— i-am dat telefon este secretară

    (*b*) Acesta este domnul ———— valiză aţi deschis-o

    (*c*) Este chiar restaurantul ———— îl căutaţi

    (*d*) Cartea ———— o citesc este a unui coleg de-al meu

    (*e*) Ziarele ———— sînt pe masă sînt ale lor

    (*f*) Acesta este grănicerul ———— i-am dat paşaportul

    (*g*) Este hotelul ———— lift nu merge

9 Translate Exercise 8 into English.

10 Use the forms for *mine* to answer the following.

    Example: Acesta este copilul dumneavoastră sau al lor?
            Este al meu.

    (*a*) Acesta este copilul dumneavoastră sau al lor?

    (*b*) Sînt bagajele tale sau ale lor?

    (*c*) Aceştia sînt colegii noştri sau ai tăi?

    (*d*) Aceasta este camera ta sau a lui?

    (*e*) Este maşina ta sau a noastră?

    (*f*) Acestea sînt valizele tale sau ale ei?

15

DESCRIIND OAMENI ȘI OBIECTE
Describing people and objects

In this unit you will learn

- how to use adjectives before the noun
- how to say *the best, the biggest*, etc.
- how to express notions such as *I am invited, it was sent*, etc.

Cuvinte cheie

a arde to burn
bar, baruri (n) bar
a se bronza to get a tan
cabină, cabine (f) cabin
canistră, canistre (f) canister
cert certain
cîtva, cîtăva, cîțiva, cîteva some, several
club, cluburi (n) club
cort, corturi (n) tent
fost, fostă, foști, foste former
mal, maluri (n) river bank
a obliga to force
obligat, obligată, obligați, obligate obliged
a opri to stop

fumatul smoking
gros, groasă, groși, groase thick, deep (of voice)
ideal, ideală, ideali, ideale ideal
inteligent, inteligentă, inteligenți, inteligente intelligent
a interzice to forbid
încărcat, încărcată, încărcați, încărcate loaded
a înota to swim
librărie, librării (f) bookshop
tip, tipi (m) guy, chap
tipă, tipe (f) girl, woman
umbrelă, umbrele (f) umbrella
a umple to fill

piesă, piese (f) play (drama), part (machine)	**a urca** to climb
piscină, piscine (f) swimming pool	**a se urca** to climb
plajă, plaje (f) beach	**Asta-i bine.** That's good.
a se plictisi to get bored	**a avea chef să** to feel like (doing)
primul, prima, primii, primele the first	**a avea probleme** to have problems
rezervor, rezervoare (n) (fuel, storage) tank	**costum de baie** bathing costumes
	de rezervă spare
rucsac, rucsacuri (f) rucksack	**e în regulă** it's OK
sat, sate (n) village	**a face plinul** to fill the petrol tank (car)
şezlong, şezlonguri (n) deckchair	**în cel mai bun caz** at best
a sfătui to advise	**În cel mai rău caz.** If the worst comes to the worst.
soare, sori (m) sun	**în mod cert** certainly
spectacol, spectacole (n) show	**în toiul verii** at the height of summer
staţiune, staţiuni (f) resort	**la nevoie** in case of need
tare strong	**a merge pe munte** to go walking/climbing in the mountains
teleferic, teleferice (n) cable railway	**a urca pe munte** to go climbing in the mountains
teren, terenuri (n) pitch (sport), ground	

 —————————— **Explicaţii** ——————————

1 More about the use of adjectives

In Unit 5, you were introduced to the use of adjectives and were told that in Romanian they usually follow the noun. However, some common adjectives are often used before the noun for emphasis. This is particularly true of **mare** *big* and **mic** *small* eg.

un **mare** eveniment	*a great event*
o **mică** dispută	*a small argument*
mari greutăţi	*great difficulties*

When the noun expresses *the* and is preceded by the adjective, the latter carries the *the* endings. Following the pattern of adjectives presented in Unit 5 you can see the following forms:

(a) Four form adjectives

Bunul Dumnezeu	*the Good Lord*
frumosul prinţ	*the handsome prince*
bunii mei prieteni	*my good friends*
splendida cetate	*the splendid citadel*
frumoasele cărţi	*the beautiful books*
faimoasele ruine	*the famous ruins*

(b) Three form adjectives

micul ecran	*the small screen (ie. TV)*
mica publicitate	*small advertisements*
micile dificultăţi	*the small difficulties*
obositorul drum	*the tiring journey*
obositoarele şedinţe	*the tiring meetings*

(c) Two form adjectives

Marea Britanie	*Great Britain*
marea mea dragoste	*my great love*
marile speranţe	*great expectations*
dulcele vis	*the sweet dream*
dulcile tale iluzii	*your sweet illusions*

(d) Further examples

sfîrşitul lungii perioade de conflict	*the end of the long period of conflict*
paginile **marelui** dicţionar	*the pages of the great dictionary*
moartea **marelui** conducător	*the death of the great leader*

Note that in exmaples such as:

bunii mei prieteni	*my good friends*
marea mea dragoste	*my great love*

the adjective can also follow, but in such cases it is preceded by **cel** which is introduced below.

prietenii mei cei buni	*my good friends*
dragostea mea cea mare	*my great love*

2 Cel, cea, cei, cele

Cel is a reduced form of **acel** *that* which you saw in Unit 10 pages 90-93 and has the same endings. It does not have the force of *that*, but is like an emphatic *the* in English. **Cel** is often used with **care** in expressions meaning *the one(s) who*. Here are its forms:

Masculine	
cel care	the one who
celui care	to/of the one who
cei care	the ones who
celor care	to/of the ones who

	Feminine
cea care	the one who
celei care	to/of the one who
cele care	the ones who
celor care	to/of the ones who

	Neuter
cel care	the one who
celui care	to/of the one who
cele care	the ones who
celor care	to/of the ones who

Cel care se uită la noi este directorul fabricii.	*The one looking at us is the factory boss.*
Aceasta este soția **celui care** ne-a dat florile.	*She is the wife of the one who gave us the flowers.*

(a) You may also find **cel** either before or after the noun. Like **acel** it requires the noun it follows to carry the *the* form:

cele șapte taine	*the Seven Sacraments*
cele zece porunci	*The Ten Commandments*
Alba ca Zăpada și **cei** șapte pitici	*Snow White and the Seven Dwarfs*
Ștefan **cel** Mare	*Stephen the Great*
prietenul meu **cel** bun	*my good friend*

(b) Notions like *the best, the worst* which are called superlatives are expressed by **cel mai** plus an adverb.

cel mai prost	*worst*
cel mai bine	*best*
cel mai mult	*the most*
cel mai repede	*the quickest*

(c) Similarly superlative adjectives such as *the biggest, the smallest* are formed by **cel mai** plus an adjective. Note that both **cel** and the adjective must agree with the noun. Here is a table of examples with **bun**:

Masculine

cel mai bun prieten	*the best friend*
celui mai bun prieten	*to/of the best friend*
cei mai buni prieteni	*the best friends*
celor mai buni prieteni	*to/of the best friends*

Feminine

cea mai bună prietenă	*the best friend*
celei mai bune prietene	*to/of the best friend*
cele mai bune prietene	*the best friends*
celor mai bune prietene	*to/of the best friends*

Neuter

cel mai bun proiect	*the best design*
celui mai bun proiect	*to/of the best design*
cele mai bune proiecte	*the best designs*
celor mai bune proiecte	*to/of the best designs*

Cei mai buni cîrnați se vînd la Cluj.	*The best sausages are sold in Cluj.*
Casa Republicii este **cea mai mare** clădire din Europa.	*The House of the Republic is the largest building in Europe.*
Fratele **celui mai bun** prieten al meu se însoară azi.	*My best friend's brother is getting married today.*

When the superlative adjective follows the noun the latter carries the *the* ending:

Ea are vocea **cea mai ascuțită** din clasă.	*She has the highest pitched voice in the class.*
Clădirea **cea mai înaltă** din lume.	*The tallest building in the world.*

3 Expressions in the past such as 'I am invited', 'it was written'

You were introduced to the past tense in Unit 9 (see pages 77-80). You saw that it was formed by combining reduced forms of **a avea** *to have* with a special form of the verb known as the past participle, eg.

am lucrat	*I have worked, I worked, I did*
am văzut	*I have seen, I saw, I did see*
am mers	*I have gone, I went, I did go*
am dorit	*I have wished, I wished, I did wish*

As these examples show, the form of the past participle (**lucrat, mers**) varies according to the type of verb.

(a) The past participle, with meanings such as *invited, inspected, written* is also used to form what is known as the passive voice with the verb **a fi** *to be* eg.

Sînt **invitat** la o masă.	*I am invited to a meal.*
Am **fost chemat** la minister.	*I have been summoned to the ministry.*

When used in this way the past participle performs like an adjective, in other words it must agree with the subject:

Ei **sînt invitaţi** la un cocteil.	*They are invited to a cocktail party.*
Aceste cărţi **sînt scrise** în englezeşte.	*These books are written in English.*
Ele **vor fi informate** luni.	*They will be informed on Monday.*

(b) Past participles are indeed often used as adjectives:

România este **învecinată** de mai multe ţări.	*Romania is bordered by several countries.*
Aceste camere **sînt ocupate**.	*These rooms are occupied.*
Fostul preşedinte a **fost numit** directorul băncii.	*The former president was named director of the bank.*

(c) They can also act as nouns:

Pe acea uşă era scris '**fumatul** interzis'.	*On that door was written 'smoking prohibited'.*

In the above example there are in fact three past participles – **scris, fumat** and **interzis. Fumatul** is the noun and carries the *the* form.

Scrisul lui este foarte elegant. *His handwriting is very elegant.*

Past participles can also form part of a noun:

o maşină de **spălat**	*a washing machine*
o maşină de **scris**	*a typewriter*
o maşină de **copiat**	*a photocopier*
un fier de **călcat**	*an iron*
hîrtie de **scris**	*writing paper*

(d) Preceded by **de** they correspond to an English infinitive, ie. *to do, to hire*:

Ce este **de făcut**?	*What is to be done?*
Mai am cîteva pagini **de citit**.	*I've got a few more pages to read.*
Ai 50 de lei **de plătit**.	*You've got 50 lei to pay.*
Scrisul lui este elegant și ușor **de citit**.	*His handwriting is elegant and easy to read.*
Apartamentul este **de închiriat**.	*The flat is for rent.*
Este bine **de știut** dacă benzinăriile sînt deschise.	*It is a good thing to know if the petrol stations are open.*

Note:

ușor **de citit**	*easy to read*
bine **de știut**	*good to know*
greu **de făcut**	*difficult to do*

4 Anything, anyone, anybody

orice	*anything*
oricine	*anyone*
oriunde	*anywhere*
oricum	*anyhow*
oricît	*however much*

Oricine poate învăța limba română.	*Anyone can learn Romanian.*
Fac **orice** ca să plec.	*I'll do anything to leave.*
Oricum nu avem ce pierde.	*Anyhow we've got nothing to lose.*
Oricît încerci n-o să reușești.	*However much you try you won't succeed.*
Oriunde te uiți vezi afișe cu lozinci.	*Wherever you look you see posters with slogans.*

România şi românii

Almost two-thirds of Romania is farmland. The principal crops are maize and wheat and the province of Wallachia is an important region for growing both. Moldavia and Transylvania are also fertile arable areas but are equally important for cattle raising. In addition to maize and wheat, Romania produces large quantities of sunflowers used for making vegetable oil for cooking.

Romania is notable for its production of fruit and vegetables. Of the former, plums and apples are most plentiful, the plum being crushed and dis-

tilled to make a brandy called **ţuică**. Many peasants make their own **ţuică** and wine from the grapes which you will invariably find covering the hillslopes of Transylvania and Moldavia. There are also many state-owned vineyards which produce excellent wines. As a result of a Land Reform introduced in 1991 60 per cent of the land which was nationalised without compensation by the Communist government in 1949 was returned to its owners, but a significant proportion still remains under state control.

Wine labels – both from producers based in or near Bucharest

Dialog

George is wondering where to go for a break.

George   Aş vrea să mă duc cîteva zile la mare. Unde mă sfătuieşti să merg? Unde crezi că ar fi cel mai bine?

Radu   Depinde ce-ţi place: să stai la un hotel într-o staţiune cu viaţă de noapte, baruri, cluburi, terenuri de tenis şi golf sau poate preferi o casă de ţară într-un sat.

George   În mod cert prefer să am apă caldă toată ziua.

Radu   Atunci să te duci la Olimp, la Jupiter sau la Mamaia. Ai şi piscine dacă nu-ţi place să înoţi în mare. Pe plajă sînt cabine unde îţi poţi schimba costumul de baie.

George   Dar poţi găsi umbrele şi şezlonguri de închiriat?

Radu	Bineînțeles.
George	Asta-i bine. Nu-mi place să fiu prea bronzat și nici să mă ardă soarele prea tare, mai ales în primele zile.
Radu	N-ai vrea să vii cu mine la munte? Te bronzezi mai frumos pe munte. Uite, plecăm mîine, luăm cortul și dacă n-avem chef să urcăm pe jos, mergem cu telefericul.
George	Nu, mulțumesc. Sînt un tip comod. Nu vreau să fiu obligat să port rucsacul în spate, încărcat cu haine groase, în toiul verii. Pentru mine vacanța ideală e cea petrecută pe malul mării, sub o umbrelă, cu o carte de citit.
Radu	E în regulă. Dacă mergi cu mașina, să faci plinul și să iei și o canistră cu benzină de rezervă.
George	Cum adică 'să faci plinul'?
Radu	Să ceri să-ți umple rezervorul cu benzină.
George	Aha! Am înțeles! Crezi că s-ar putea să am probleme cu benzina?
Radu	Nu cred, sînt sigur.
George	Eh! Cînd ai probleme, n-ai timp să te plictisești. Asta-i bine.

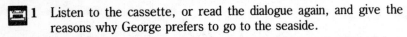

Exerciții

1 Listen to the cassette, or read the dialogue again, and give the reasons why George prefers to go to the seaside.

2 Translate into English:
(a) Cel care vine acum spre noi este Adrian.
(b) Maria este cea pe care trebuie s-o întrebi acest lucru.
(c) Dumneavoastră sînteți cel căruia îi place să stea la soare.
(d) Victor și Maria sînt cei cărora le telefonez.
(e) Mă întrebi unde este umbrela sub care stă George? Este cea roșie de acolo.
(f) Prietenii buni sînt cei care te ajută la nevoie.

3 Put the adjective into the superlative.
Example: Este o piesă bună.
         Este cea mai bună piesă.
(a) Este o piesă bună.
(b) Aceștia sînt studenți inteligenți.
(c) Sînt prietenele mele bune.

(*d*) Unde este un restaurant bun?

(*e*) În această librărie poți găsi cărți bune și interesante.

(*f*) Radu se bronzează repede.

(*g*) La mare ne simțim bine.

4 Translate into Romanian:

(*a*) At best they will find two tickets just before the performance begins.

(*b*) If the worst comes to the worst you could go by taxi.

(*c*) Who is his best friend?

(*d*) This was the most difficult exam.

(*e*) They think that these towns are the most beautiful.

5 Match the two columns:

Example: George este chemat de profesor.

(*a*) George este _____ de profesor.

(*b*) Acest apartament este _____ de domnul Georgescu.

(*c*) Locurile sînt _____ de două doamne.

(*d*) Pachetul este _____ de soțul meu.

(*e*) Sîntem _____ la o petrecere.

(*f*) Aceste cărți sînt _____ de toți prietenii mei.

(*g*) Scrisoarea este _____ de această secretară.

(*i*) scrisă	(*v*) chemat
(*ii*) invitați	(*vi*) închiriat
(*iii*) citite	(*vii*) ocupate
(*iv*) trimis	

6 Rewrite Exercise 5 using the verbs of the past.

Example: George a fost chemat de profesor.

7 Translate Exercise 5 into English.

8 Complete the blanks with the past participle.

Example: Azi am multe de făcut.

(*a*) Azi am multe de (**a face**).

(*b*) Ai ceva de (**a citi**)?

(*c*) Pe acea ușă era (**a scrie**): 'Fumatul (**a interzice**)'.

(*d*) Acolo este (**a scrie**): 'Intrarea oprită'.

(*e*) Cine știe dacă acest apartament este (**a închiria**)?

(*f*) Este bine de (**a ști**) cît costă o cameră la hotel.

16

CUM SĂ COMANZI
Being authoritative

In this unit you will learn

- how to manage when you need a doctor
- to issue commands like *come here*
- to say *the one, the other, each*

 ──────────── **Cuvinte cheie** ────────────

aer(n) air	**îngrijorat, îngrijorată, îngrijorați,**
amîndoi, amîndouă both	**îngrijorate** worried
aproape nearby	**a se înroși** to turn red
a asculta to follow what someone is	**a se întinde** to stretch
saying	**limbă, limbi** (f) tongue, language
boală, boli (f) illness	**a mulțumi** to thank
cap, capete (n) head	**penicilină** (f) penicillin
a se dezbrăca to get undressed	**piept, piepturi** (n) breast, chest
diagnostic, diagnostice	**a pișca** to sting
(n) diagnosis	**plămîn, plămîni** (m) lung
a durea to hurt	**răceală, răceli** (f) cold
gata ready	**a răci** to catch a cold
gît, gîturi (n) neck, throat	**răsfățat, răsfățată, răsfățați,**
grijă, griji (f) care, concern	**răsfățate** pampered, spoilt
guturai (n) (head) cold	**război, războaie** (n) war
injecție, injecții (f) injection	**a respira** to breathe
a înghiți to swallow	

rețetă, rețete (f)   prescription
a ridica   to raise, to lift up
a se ridica   to rise up
**sănătos, sănătoasă, sănătoși,
   sănătoase**   healthy
a se plînge   to complain
a scoate   to extract
a se scuza   to apologise
seringă, seringi (f)   syringe
singur, singură, singuri, singure
   on one's own
sirop, siropuri (n)   syrup, fruit drink
a se speria   to be frightened
temperatură, temperaturi
   (f)   temperature
tensiune (f)   blood pressure
tratament, tratamente (n)   treatment
tuse (f)   cough
a tuși   to cough
a ține   to hold
a uita   to forget
a ustura   to smart
vitamină vitamine (f)   vitamin

a avea guturai   to have a head cold
a avea amețeli   to feel dizzy
a avea tensiune   to have blood
   pressure
a bate la cap   to pester
cel de-al doilea război mondial   the
   Second World War
Cum te cheamă?   What is your
   name? (Lit. what do they call you?)
a da în mintea copiilor   to behave
   like a child
a face o injecție   to have an injection
a fi răcit   to have a cold
a fi sănătos tun   to be hail and hearty
Îl doare capul.   He has a headache.
   (Lit. the head hurts him)
în primul rînd   in the first place
a lua tensiunea   to take (someone's)
   blood pressure
Sănătate!   Good health!
ș.a.m.d. = și așa mai departe   and
   so on

──────── **Explicații** ────────

1 Ailments

When expressing ailments in Romanian the verb **a durea** *to hurt* is used. It behaves differently from English *hurts* as the following examples show. A literal translation is given in brackets:

Mă doare capul.	*I have a headache (me hurts the head).*
O doare spatele.	*Her back hurts (her hurts the back).*
Te doare un dinte?	*Do you have a toothache? (you hurts a tooth?).*
Îl doare în gît.	*He has a sore throat (him hurts in the throat).*
Mă dor picioarele.	*My legs ache (me hurt the legs).*

A durut-o spatele.	*Her back hurt (hurt her the back).*
Pe ei **i-au durut** mîinile.	*Their hands hurt them (them hurt the hands).*

A ustura *to smart* is used like **durea**:

Mă ustură ochii.	*My eyes are smarting.*

Note also:

Mi se înroşesc ochii.	*My eyes are turning red (to me they are turning red the eyes).*

2 Giving instructions and commands

Romanian verbs, like English ones, have a special form for giving orders called the imperative. Commands like *send him back!*, *shut up!*, *clear off!* are rendered in this form which is not easy to formulate in Romanian. Fortunately, you can also use **să** forms (see Unit 7 page 57) to indicate a gentle command such as:

Să nu faceţi zgomot!	*Don't make any noise!*
Să nu-l invitaţi la noi!	*Don't invite him to our house!*
Să nu pleci!	*Don't leave!*

You cannot, however avoid the imperative as you will need to be able to recognise it, even if you prefer to use a **să** form. Here are some rules to help you identify and use it.

(a) In the singular (ie. when addressing one person), the imperative is often the same form as the *you* form of the present, especially if the verb is not normally used with an object:

Taci!	*Be quiet!*
Fugi de aici!	*Get away from here!*
Mergi!	*Go!*

A small number of verbs that are used with an object belong to this category:

Vezi!	*See!*

However, most verbs with an object use the *he*, *she* and *it* form of the verb:

Trimite-l acasă!	*Send him home!*
Pune-o pe masă!	*Put it on the table!*
Șterge parbrizul!	*Wipe the windscreen!*

A useful tip is to note that all **a-** type verbs and all those with *he* and *she* forms in **-ește** and **-oară** form the singular imperative from the *he, she* and *it* forms:

Cîntă!	*Sing!*
Vorbește!	*Speak!*
Coboară!	*Come down!*

Some of the most commonly used verbs have short, unusual forms:

Dă!	*Give!*
Fii!	*Be!*
Vino!	*Come!*
Ia!	*Take!*
Fă!	*Do!*
Zi!	*Say!*

(*b*) The plural of the imperative is more straightforward. It is simply the same in all cases as the plural *you* form of the present:

Cîntați!	*Sing!*
Tăceți!	*Be quiet!*
Veniți!	*Come!*
Dați!	*Give!*
Faceți!	*Do!*

But note the exception:

Fiți!	*Be!*

(*c*) Negative commands addressed to one person by *don't* are formed with **nu** followed by the infinitive without **a**:

Nu veni!	*Don't come!*
Nu pleca!	*Don't leave!*
Nu vorbi!	*Don't speak!*

(*d*) The negative plural is the same as the negative plural *you* form of the present:

Nu veniți!	*Don't come!*
Nu plecați!	*Don't leave!*
Nu fumați!	*Don't smoke!*

But:

Nu fiți naiv(i)!   *Don't be naive!*

(e) Reflexive verbs in the singular use the *he, she* or *it* form of the present and append **-te**.

Uită-te (shortened to Uite!)	*Look!*
Trezește-te!	*Wake up!*
Grăbește-te!	*Hurry up!*

The most common example of the singular reflexive is provided by the irregular **du-te** which is used in swearing and cursing:

Du-te dracului!   *Go to hell! (Lit. go to the devil!)*

(f) In the plural reflexive verbs add **-vă** to the plural *you* form of the present:

Sculați-vă!	*Get up!*
Duceți-vă!	*Go!*
Potoliți-vă!	*Calm down!*

(g) The *don't* forms of the reflexive verbs are the same as those of ordinary verbs, except that **te** and **vă** precede the verb:

Nu te uita!	*Don't look!*
Nu vă uitați!	*Don't look!*
Nu te plînge!	*Don't complain!*
Nu vă plîngeți!	*Don't complain!*
Nu te grăbi!	*Don't hurry!*
Nu vă grăbiți!	*Don't hurry!*

(h) Note the position of the *me, to me, him, to him, her, to her* etc. forms in the following examples:

Lasă-l!	*Leave him!*
Lăsați-l!	*Leave him!*
Las-o!	*Leave her/it!*
Lăsați-o!	*Leave her/it!*
Lasă-mi banii!	*Leave me the money!*
Lăsați-mi banii!	*Leave me the money!*
Lasă-mă în pace!	*Leave me alone!*
Lăsați-le în pace!	*Leave me alone!*

In the dialogue listen carefully to the pronunciation of such expressions as **duceți-vă** and compare the pronunciation of the **-i** with its value in **uitați** and **dați**.

(i) In *don't* constructions the *me, to me, him, to him, her, to her*, etc.

forms precede the verb:

Nu-l lăsa!	*Don't leave him!*
Nu-l lăsați!	*Don't leave him!*
Nu o lăsa!	*Don't leave her!*
Nu o lăsați!	*Don't leave her!*
Nu-mi lăsa banii!	*Don't leave me the money!*
Nu-mi lăsați banii!	*Don't leave me the money!*

3 Saying 'one of', 'some of', 'others'

(a) *One of/some of* are expressed by forms of **unul**:

masculine/neuter		feminine	
unul	one of	**una**	one of
unuia	of/to one of	**uneia**	of/to one of
unii	some of	**unele**	some of
unora	of/to some of	**unora**	of/to some of

Unul din noi este un mincinos.	*One of us is a liar.*
Una din fete este bolnavă.	*One of the girls is ill.*
Unii din copii au plecat acasă.	*Some of the children have gone home.*
Unele din infirmiere nu fac nimic.	*Some of the nurses don't do anything.*
Unora nu le convine orarul.	*The timetable doesn't suit some of them.*

Note the use of **pe** in the following:

I-am văzut **pe unii** aruncînd sticle.	*I saw some (of them) throwing bottles.*
L-am rugat **pe unul** din doctori să mă ajute.	*I asked one of the doctors to help me.*

Unul and **una** may also stand before nouns:

Unii mineri sînt cu guvernul.	*Some miners are on the side of the government.*

When used thus **unora** becomes **unor**:

Unor spectatori nu le-a plăcut.	*Some spectators didn't like it.*

(*b*) These forms require **nu** before the verb.

Nici un autobuz nu opreşte la hotelul Astoria.	*Not one bus stops at the Hotel Astoria.*
Nici unul nu opreşte.	*Not one stops.*
Nici o chelneriţă n-a vrut să ne ia comanda.	*Not one waitress wanted to take our order.*
Nici una n-a vrut.	*Not one of them wanted to.*

(*c*) *Other*, *another* can be expressed by both **alt** and **altul**. Alt is used before a noun:

masculine/neuter		feminine	
alt	other	altă	other
altui	of/to another	altei	of/to another
alţi	others	alte	others
altor	to/of others	altor	to/of others

Alţi deputaţi au votat contra.	*Other deputies voted against.*
Ei folosesc **alte** criterii.	*They used other criteria.*

Altul also stands on its own:

masculine/neuter	feminine
altul	alta
altuia	alteia
alţii	altele
altora	altora

Unii au votat pentru, alţii contra.	*Some voted for, others against.*
Unora le-a plăcut concertul, altora nu.	*Some liked the concert, others didn't.*

(*d*) *The other* as opposed to *other* is rendered by **celălalt** which is a combination of **cel** and **alt**, both of which have to agree with the noun. The same form is used whether it stands before a noun or on its own:

masculine/neuter		feminine	
celălalt	the other	cealaltă	the other
celuilalt	of/to the other	celeilalte	of/to the other
ceilalţi	the others	celelalte	the others
celorlalţi	of/to the others	celorlalte	of/to the others

Cealaltă maşină este cea pe care o caut.	*The other car is the one I am looking for.*
Locurile celorlalţi sînt mult mai bune.	*The other people's seat are much better.*

4 'Each' and 'both'

(a) **Fiecare** *each* has the same forms as **care** (see Unit 14 page 131). Here are some examples of its use:

Fiecare trebuie să aibă grijă de bagajele lui.	*Each person must look after his own baggage.*
Fiecare copil are patul lui.	*Each child has his own bed.*
Să-i dăm **fiecărei** infirmiere un cadou?	*Shall we give each nurse a present?*
I-am trimis **fiecărui** prieten o carte poştală.	*I send each friend a postcard.*

Amîndoi and **amîndouă** meaning *both* are followed by the noun in the *the* form:

Amîndoi fraţii au participat.	*Both brothers attended.*
Amîndouă doctoriţele sînt de gardă.	*Both doctors are on duty.*

România şi românii

Under Communist rule Romania was transformed from an agricultural to an industrial country. Industrialisation over the last half century was accompanied by urbanisation, and as a result the population profile changed dramatically. In 1940, nine out of ten Romanians lived in villages. Today only five out of ten do so. In 1940, 75 per cent of Romanians worked on the land while in 1992 this percentage had fallen to 25 per cent. More than 40 per cent of Romanian workers were employed in industry at the time of the revolution, but the goods they produced were largely of poor quality and heavily subsidised.

The economic reforms, introduced by the government in 1991 for moves towards a market economy, have caused massive unemployment. The withdrawal of subsidies led to the collapse of many factories and without alternative sources of employment have created a feeling of inertia and apathy among large sections of the working population. This in turn has produced an upsurge in crime and disillusionment with the reform process. Instead of seeing the benefits of capitalism, many Romanians see only the negative side of it, and it will take many years for the economic situation to improve and bring significantly higher living standards than those experienced under the dictator Nicolae Ceauşescu.

———————— **Dialog** ————————

Mrs Ionescu visits the doctor. She takes Maria and Andrei with her because they are not feeling well.

Doamna Ionescu	Domnule doctor, sînt foare îngrijorată.
Doctorul	De ce, doamnă? Vă doare ceva sau sînt bolnavi copiii?
Doamna	Amîndoi tușesc, au guturai, îi doare capul, azinoapte au avut 37,2 și...
Doctorul	Asta nu e temperatură mare. Dezbrăcați-i, vă rog.
Doamna	Se pot dezbrăca și singuri.
Doctorul	Oh, scuzați-mă. Credeam că sînt răsfățați.
Doamna	Cum te cheamă?
Maria	Maria.
Doctorul	Maria, întinde-te, te rog, pe pat. Așa. Să te ascult la plămîni. Respiră! Tușește! Nu mai respira! Bun. Acum ridică-te! Scoate limba și spune 'Aaa'. Te doare cînd înghiți?
Maria	Da.
Doctorul	Îmbracă-te. Pe tine cum te cheamă?
Andrei	Andrei.
Doctorul	Vino aici, Andrei. Mai aproape. Nu te speria! Zi 'Aaa'. Și pe tine te doare în gît, nu-i așa?
Andrei	Mă doare.
Doctorul	Acum respiră! Stai! Ține aerul în piept! Gata! Îmbracă-te! Doamnă, nu e decît o simplă răceală. În cîteva zile vor fi sănătoși tun.
Doamna	Ce să le dau, domnule doctor?
Doctorul	Dați-le o vitamină C de trei ori pe zi, o aspirină seara după ce mănîncă, o linguriță de sirop de tuse de două ori pe zi și penicilină V.
Doamna	Îmi dați o rețetă?
Doctorul	Bineînțeles. Duceți-vă la farmacia din colț și nu uitați să le dați ceaiuri cu multă lămîie. Sănătate!
Doamna	Mulțumim.

Exerciţii

1 Listen to the cassette, or look at **Romanian sounds** on pages 9-11, for the pronunciation of the commands.

2 Translate this dialogue.

Prietenul	Trebuie neapărat să te duci la doctor.
George	Nu-mi place să merg la doctor.
Prietenul	Chiar dacă nu-ţi place, trebuie să vezi ce ai.
George	Dar n-am nimic! Sînt sănătos tun!
Prietenul	Ai uitat că te-ai plîns că ai ameţeli.
George	Ah, da! Şi ce dacă?
Prietenul	S-ar putea să ai tensiune.
George	Voi românii, sînteţi toţi doctori.
Prietenul	Ştiu că te bat la cap, dar e mai bine să te duci să-ţi ia tensiunea, să faci nişte injecţii şi...
George	Şi după aceea o să mă simt atît de bine şi de tînăr că o să spuneţi că am dat în mintea copiilor!

3 Use the correct form of **unul, altul**.
   Example: Unora le place marea, altora le place muntele.
   (a) _____ le place marea, _____ le place muntele.
   (b) _____ doresc să asculte jazz, _____ preferă muzica pop.
   (c) _____ din copii învaţă, _____ face plajă.
   (d) _____ din studente îi este rău, _____ îi este somn.
   (e) _____ fete sînt mai frumoase decît _____.
   (f) _____ din prietenii mei nu-i plac spectacolele.

4 Match the two columns.
   Example: Acest copil are temperatură, iar celălalt tuşeşte.
   (a) Acest copil are temperatură, iar _____ tuşeşte.
   (b) Aceştia sînt cîinii mei iar _____ sînt ai lor.
   (c) Aceste medicamente sînt scrise pe reţetă, iar pentru _____ medicamente nu e nevoie de reţetă.
   (d) Această doctoriţă e mai bună ca cea _____.
   (e) Cui vreţi să scrieţi? Acestor prieteni sau _____ prieteni.
   (f) Acestuia nu-i convine vinul, _____ nu-i place berea.

(i) ceilalţi	(iv) celelalte
(ii) cealaltă	(v) celorlalţi
(iii) celălalt	(vi) celuilalt

5 Complete the blanks overleaf following the example.
   Example: Fiecare vrea să fie sănătos.

(a) Fiec__ vrea să fie sănătos.
(b) Fiec__ doctor ştie să ia tensiunea.
(c) Am dat fiec__ telefon.
(d) Amînd__ copiii au răcit.
(e) Amînd__ studentele sînt inteligente.
(f) Radu şi George merg amînd__ la facultate.

6 Give the singular command form of the verbs.
Example: Spune Mariei să-mi dea telefon.
(a) (a spune) Mariei să-mi dea telefon.
(b) (a da) bani lui Ion să cumpere bilete la cinema.
(c) (a citi) această carte.
(d) (a lua) medicamentele de pe reţetă.
(e) (a se duce) să vezi acest spectacol.
(f) (a se uita) la televizor.
(g) (a-şi aminti) -i să scrie scrisorile.

7 Put the commands in Exercise 6 into the negative.
Example: Nu spune Mariei să-mi dea telefon.

8 Put the commands in Exercise 6 into the plural.
Example: Spuneţi Mariei să-mi dea telefon.

17

SĂ INTRĂM ÎN AMĂNUNTE
Getting down to details

In this unit you will learn

- to use further expressions of time such as *until, whenever*
- more uses of **să**
- additional examples of **pe**
- to say *first second, third*

 ——————— ## Cuvinte cheie ———————

abia only, hardly	**impertinent, impertinentă,**
a apărea to appear	**impertinenți, impertinente**
clarvăzător, clarvăzătoare,	impertinent
clarvăzători, clarvăzătoare	**a încerca** to try
clairvoyant	**a întîlni** to meet
concediu, concedii (n) leave,	**a se întîlni** to meet
holiday	**a întîrzia** to delay
degeaba in vain	**a se întoarce** to return
a deranja to disturb	**a merita** to deserve
a dezvolta to develop	**a nota** to note
discuție, discuții (f) discussion	**număr, numere** (n) number
elev, elevi (m) pupil	**poștă, poște** (f) post
elevă, eleve (f) pupil	**probabil** probably
greșeală, greșeli (f) mistake	**probă, probe** (f) test
a greși to make a mistake	**răbdare, răbdări** (f) patience
a ieși to exit, to go out	**a răspunde** to reply

a reclama to report, to complain about
respectiv, respectivă, respectivi, respective respective
rezistență, rezistențe (f) resistance
a se schimba to change
secret, secrete (n) secret
serviciu, servicii (n) job, work, favour
a se strica to damage
a suna to ring
a telefona to telephone
telegramă, telegrame (f) telegramme
tocmai exactly, just
vechi, veche, vechi, vechi old
a verifica to check
voce, voci (f) voice
vreun, vreo one, any
astfel de such a
a avea dreptate to be right
a avea răbdare to have patience
o carte de telefon a telephone directory
a da telefon to make a telephone call
deranjamente telephone faults service, engineers
a face atingere to have (Lit. make) a crossed line
Despre ce e vorba? What's it all about?
din nou again
a i se face dor de to miss
a ieşi la pensie to retire
e inutil there's no point
noroc good luck
număr de telefon telephone number
ori de cîte ori whenever
Sună ocupat. It's ringing engaged.
a veni înapoi to come back

Explicații

1 *Expressions of time*

(*a*) When examining the present (*is*) and imperfect (*was*) tenses, your attention was drawn to the use of **de mult** and **de puțin**. Here are some reminders:

Invăț româneşte numai **de puțin** timp.	*I have been learning Romanian for only a short while.*
Locuim **de cinci** ani la Londra.	*We have been living in London for five years.*
Locuiam **de cinci** ani la Londra.	*I/we had been living in London for five years.*

A question receiving the type of answer given above would be introduced in Romanian by **de cînd?** *for how long?*:

De cînd învățați româneşte?	*How long have you been learning Romanian for?*
De cînd locuiți la Londra?	*How long have you been living in London?*

Note that the present tense is used in the above examples with **de cînd** as the equivalent of English *have been*. The actions referred to, ie. *have been learning*, denote a state or an incomplete action.

(b)   Where the action has been completed the past tense may be used:

De cînd n-a mai primit nici o scrisoare?	*How long is it since he received a letter?*
N-a mai primit nici o scrisoare de mult.	*He hasn't received a letter for some time.*
N-a mai primit nici o scrisoare de trei zile.	*He hasn't received a letter for three days.*

Instead of **de trei zile**, there are a number of expressions, such as:

de astă iarnă	*since last winter (the winter just passed)*
din iarna trecută	*since last winter (a year ago last winter)*
din 1989	*since 1989*
din aprilie	*since April*
de ieri	*since yesterday*
de luni	*since Monday*
de la 1 decembrie	*since December 1st*
De cîte săptămîni n-a mai venit la ore?	*How many weeks is it since he attended classes?*
N-a mai venit **de** trei săptămîni.	*He hasn't attended for three weeks.*

(c)   There are a number of new words to add to those such as **cînd** *when*, **după ce** *after*, and **în timp ce** *while* to which you have already been introduced:

abia	*just, hardly*
cum	*as soon as*
ori de cîte ori	*whenever*
încă	*yet*
Abia acum am reușit să termin.	*I have only just managed to finish.*
Cum o văd te voi suna.	*The moment I see her I will give you a call.*
Ori de cîte ori plec în grabă uit ceva.	*Whenever I leave in haste I forget something.*
George n-a venit **încă**.	*George hasn't come yet.*

Expressing *until*, *before* in Romanian can be done by a variety of combinations with **pînă**. You can use: **pînă, pînă cînd, pînă ce** and **pînă nu**.

The first three are virtually interchangeable:

Să rezolvăm problema **pînă** (cînd) plecăm.	*Let's solve the problem before we leave.*
Rămîn aici **pînă** (ce) vine ea.	*I'm staying here until she comes.*

Pînă nu *until* is used when introduced by a negative verb:

Nu plec **pînă nu**-mi dă telefon.	*I'm not leaving until he rings me.*
El nu va semna **pînă nu** primeşte nişte garanţii.	*He won't sign until he receives some guarantees.*

Pînă nu can also mean *before* in the sense of setting a time limit by which an action might take place:

Să-l găsim **pînă nu** pleacă la serviciu.	*Let's find him before he leaves for work.*
Să cumpărăm un apartament **pînă nu** se scumpesc.	*Let's buy a flat before they go up in price.*

Pînă să means *by the time that*:

Pînă să căpătăm o viză biletul de avion nu mai era valabil.	*By the time we obtained a visa the plan ticket was no longer valid.*
Pînă să ajungă George la Gara de Nord trenul era deja la Ploieşti.	*By the time that George reached the North Station the train was already at Ploieşti.*

2 More uses of pe

In Unit 10, (see page 96) **pe** was introduced accompanying stressed pronouns and preceding nouns denoting persons when they are the object of an action, eg.

O văd **pe** ea mîine.	*I'll be seeing **her** tomorrow.*
Îl întrebăm **pe** domnul Porter.	*We'll ask Mr Porter.*

You have also seen **pe** used with other pronouns such as **cine** and **care**, eg.

Pe cine să invităm la masa de seară?	*Whom shall we invite to dinner?*

Banii **pe care** îi am.   *The money that I have.*

There are a range of other pronouns with which **pe** is found. **Pe** is only used when these pronouns denote somebody or something that is the object of the verb:

L-am întîlnit **pe unul** din prietenii mei.   *I met one of my friends.*

I-am văzut **pe toţi** la recepţie.   *I saw them all at the reception.*

Le-am găsit **pe acestea** la un magazin din centru.   *I found these (things) at a shop in the centre.*

Nu-i mai întîlnesc decît **pe cei care** ţin la mine.   *I only meet those who are fond of me.*

3   *More examples of* să

As you saw in Unit 7, (see page 57) **să** is often the equivalent of *to* in English. Here are a number of instances in which **să** is required in Romanian.

(*a*)   With verbs of command or instruction:

Doctorul le-a spus copiilor **să ia** medicamentele.   *The doctor told the children to take the medicines.*

Generalul a dat ordinul **să se** retragă.   *The general gave the order to retreat.*

Radu mi-a telefonat **să nu ies** din casă.   *Radu rang me (to tell me) not to go out of the house.*

(*b*)   With verbs of *wanting* and *wishing*:

Vreau **să plec** în Statele Unite.   *I want to go to the United States.*

Ei ţin **să ne vadă**.   *They are keen to see us.*

(*c*)   With *must* and *to be able*:

Trebuie să aşteptăm şi **să** vedem.   *We must wait and see.*

N-au putut să închirieze o maşină.   *They weren't able to hire a car.*

(*d*)   With phrases of the type *it is easy to, it is difficult to*:

Mi-e greu **să plec** chiar acum.   *It's difficult for me to leave right now.*

Este o problemă să aranjăm o vizită în momentul de față.	*It's a problem for us to arrange a visit at present.*

(e) With words introducing questions:

Cînd **să** le facem o vizită?	*When shall we pay them a visit?*
Cum **să** ajung la metrou?	*How shall I get to the underground?*
Ce **să** facem în situația asta?	*What shall we do in this situation?*

(f) With prepositions such as **fără, înainte, în loc să**:

Fără să exagerez erau peste 2.000 de cadavre acolo.	*Without (my) exaggerating there were over 2,000 bodies there.*
Înainte să termin aş vrea să-i mulţumesc lui Ion.	*Before finishing I'd like to thank John.*
În loc să mergem azi să mergem mîine.	*Instead of going today let's go tomorrow.*

(g) With **ca** to express purpose:

Ca să fiu cinstit el nu-mi place.	*To be honest I don't like him.*
Radu a făcut cumpărăturile **ca să** nu fie obligată ea **să** le facă.	*Radu did the shopping to spare her having to do it.*

Note the position of **ea** in the above example. The same meaning would be expressed by:

Radu a făcut cumpărăturile ca ea să nu fie obligată să le facă.

Similarly you can say both:

Aşteptăm **să** vină Victor luni.	*We are expecting Victor to come on Monday.*
Aşteptăm **ca** Victor să vină luni.	

4 More about the 'to do' form of the verb

(a) You can also indicate purpose with the *to* form of the verb. Taking the examples from 3(g) they become:

Pentru **a fi** cinstit el nu-mi place.	*To be honest I don't like him.*

Radu **a făcut** cumpărăturile pentru **a nu fi** obligată ea să le facă.	*Radu did the shopping to spare her having to do it.*

(*b*) With prepositions such as **fără, înainte de, în loc de** the *to* form of the verb can be used instead of **să**:

Fără a exagera erau peste 2.000 de cadavre acolo.	*Without (my) exaggerating there were more than 2,000 bodies there.*
Înainte de a termina aş vrea să-i mulţumesc lui Ion.	*Before finishing I'd like to thank John.*
În loc de a merge azi să mergem mîine.	*Instead of going today let's go tomorrow.*

(*c*) The *to* forms are commonly used as an alternative to **să** in the following expressions:

Ai **ce** mînca?	*Have you got something to eat?*
Ai **ce să** mănînci?	*Have you got something to eat?*
N-avem unde sta.	*We've got nowhere to stay.*
N-avem unde să stăm.	*We've got nowhere to stay.*
Am **ce** face.	*I've got something to do.*
Am **ce să** fac.	*I've got something to do.*
Elevii n-au cu ce să scrie.	*The pupils haven't got anything to write with.*

5 Saying 'first', 'second', 'third'

First, second, third, etc. are known as ordinal numbers and in Romanian they behave like adjectives. They therefore have masculine, feminine and neuter forms (short forms in brackets):

masculine/neuter	feminine	
primul, întîiul (1-ul)	**prima, întîia (1-a)**	1st
al doilea (al 2-lea)	**a doua (a 2-a)**	2nd
al treilea (al 3-lea)	**a treia (a 3-a)**	3rd
al patrulea (al 4-lea)	**a patra (a 4-a)**	4th
al cincilea (al 5-lea)	**a cincea (a 5-a)**	5th
al şaselea (al 6-lea)	**a şasea (a 6-a)**	6th
al şaptelea (al 7-lea)	**a şaptea (a 7-a)**	7th
al optulea (al 8-lea)	**a opta (a 8-a)**	8th
al nouălea (al 9-lea)	**a noua (a 9-a)**	9th
al zecelea (al 10-lea)	**a zecea (a 10-a)**	10th

Note also **ultimul, ultima** *the last*: **primul** and **ultimul** always precede the noun while the other numbers may either precede or follow. All can stand on their own. When the number comes first the noun is used in its *a* form, and when it follows the noun is in the *the* form. Here are some examples:

prima mea vizită	*my first visit*
primul lui pașaport	*his first passport*
ultimul ei ban	*her last penny*
a **doua** cursă	*the second race*
al **doilea** om din stînga	*the second man on the left*
al **treilea** om	*the third man*
omul al **treilea**	*the third man*
sfîrșitul **primului** război mondial	*the end of the First World War*
primul și **ultimul** oaspete	*the first and the last guest*

Note how you say *of the first* in the last example. In order to express *of the second/of the third*, etc. **cel** (see Unit 15) precedes the number and agrees with the noun:

începutul **celei** de-a doua curse	*the beginning of the second race*
moartea **celui** de-al doilea președinte	*the death of the second president*

You may also find:

cel dîntîi	(for)	**întîiul, primul**
cea dintîi	(for)	**întîia, prima**
cel de-al doilea	(for)	**al doilea**
cea de-a doua	(for)	**a doua**, etc.

The pattern of **al doilea/a doua** is followed when forming the other ordinals:

al cincisprezecelea (al 15-lea)	a cincisprezecea (a 15-a)	15th
al douăzecilea (al 20-lea)	a douăzecea (a 20-a)	20th
al douăzeci și unulea (al 21-lea)	a douăzeci și una (a 21-a)	21st
al o sutălea	a suta	100th
al o mielea	a mia	1000th

a șaptezecea aniversare a zilei de naștere a regelui	*the king's 70th birthday*
a treia aniversare a revoluției	*the third anniversary of the revolution*

Am plecat prima oară în România în anul 1991.	*I left for Romania for the first time in 1991.*
Am vizitat a doua oară în 1992.	*I visited for the second time in 1992.*

But:

Am vizitat România de două ori.	*I visited Romania twice.*
Am vizitat România de trei ori.	*I visited Romania three times.*
Am vizitat România de patru ori.	*I visited Romania four times.*

România şi românii

Romania's largest city is its capital Bucharest which has more than two million inhabitants. Bucharest is by far the most populous city in the country. The next biggest city Braşov, which is in Transylvania, had in 1991 barely 400,000 people. Bucharest is a young city compared with Braşov. It only came to prominence in the middle of the 17th century when the Prince of Wallachia moved his capital to the town, while its period of greatest expansion followed its designation as capital of Romania in 1862.

Braşov was founded by the Teutonic Knights and German settlers in the early years of the 13th century. The Knights were invited by the King of Hungary to defend the eastern frontiers of Transylvania which at that time was a possession of the Hungarian Crown. Braşov is one of seven major towns established by German settlers during that period and for this reason the German name for Transylvania is Siebenburgen (seven towns). After the revolution of December 1989 more than 100,000 Germans emigrated from Transylvania to Germany, and it was estimated that most of the remaining 75,000 Germans had left Romania by 1992.

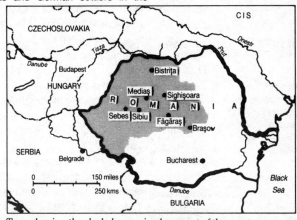

Transylvania – the shaded area – is a large part of the country

Dialog

Telephone talk. Dan Scarlat is trying to get in touch with Domnul Georgescu and in the process gets a fault on the line.

Dan Scarlat   Alo, casa Georgescu?

Doamna Georgescu   Da, casa Georgescu.

Dan   Bună ziua, doamnă. Dan Scarlat la telefon. Aş putea vorbi cu domnul Georgescu?

Doamna   Soţul meu tocmai a ieşit. S-a dus la poştă să vă trimită o telegramă şi cărţile pe care i le-aţi cerut.

Dan   Oh! Dar i le-am cerut acum un an. Credeam că a uitat.

Doamna   N-a uitat. Însă le-a găsit de-abia ieri.

Dan   Ştiţi cumva peste cît timp se întoarce?

Doamna   A spus că vine după ce trece pe la un prieten. Sper că nu întîrzie mult.

Dan   Pot să-l caut la acel prieten?

Doamna   Bineînţeles. Să vă dau numărul de telefon Unde poate fi? Gata, l-am găsit: 54 32 88.

Dan   Mulţumesc foarte mult. La revedere.

Dan   Alo, îmi pare rău că trebuie să vă deranjez încă o dată, doamnă. Încerc de o oră la numărul pe care mi l-aţi dat, dar cînd sună ocupat, cînd răspunde o voce care spune că e greşeală.

Doamna   Poate că s-a schimbat numărul. Un moment, să-l caut în noua carte de telefon. Nu, nu s-a schimbat. E acelaşi: 54 32 88.

Dan   O să mai încerc.

Doamna   Trebuie să aveţi răbdare.

Dan   Trebuie să-l reclam la deranjamente?

Doamna   Inutil. Dacă-i deranjat, nu poate fi reparat imediat.

Dan   Şi atunci ce să fac?

Doamna   Nu ştiu. Să aşteptaţi să vă sune soţul meu cînd se întoarce sau să vă încercaţi în continuare răbdarea şi să telefonaţi la numărul respectiv.

Dan   Înţeleg. Şi într-un caz şi-n altul este vorba de o probă de rezistenţă.

Doamna	Vă doresc noroc!
Dan	Mulţumesc. Aveţi dreptate. Ai nevoie de mult noroc ori de cîte ori încerci să vorbeşti la telefon!

Exerciţii

1 Listen to, or read, the dialogue again and write it out.

2 Fill in the blanks with the appropriate expression of time from the options below.

Example: Trebuie să vă grăbiţi să-l găsiţi _____ pleacă la serviciu.

Trebuie să vă grăbiţi să-l găsiţi *pînă nu* pleacă la serviciu.

(a) Trebuie să vă grăbiţi să-l găsiţi _____ pleacă la serviciu.

(b) _____ sun la acest număr, sună ocupat.

(c) Să vorbim despre asta _____ ajungem la gară.

(d) _____ acum a terminat cartea.

(e) Nu, îmi pare rău, fiul meu nu s-a întors _____ de la facultate.

(f) _____ îl văd, îi spun să vă telefoneze.

(g) Nu plec _____ mi dă telefon.

(*i*)	pînă nu	(*iv*)	ori de cîte ori
(*ii*)	cum	(*v*)	abia
(*iii*)	pînă cînd	(*vi*)	încă

3 Translate into English.

(a) De cînd îl cunoaşteţi pe fiul meu?

(b) Aţi ieşit la pensie de mult?

(c) De cîţi ani învăţaţi latina?

(d) De cîte săptămîni n-au mai primit nici o scrisoare?

(e) De cînd nu l-aţi mai văzut?

(f) De cît timp locuiţi la Paris?

(g) Fumaţi de mult?

4 Answer in Romanian the questions above.

5 Translate into Romanian.

(a) Before leaving for the office I intend to make several telephone calls.

(b) Radu didn't come round to our house any more after he returned from abroad.

(c) Are you dropping in before you go on leave?

(d) We haven't seen each other for five or six years, in other words since we finished university.

(e) Recently I haven't done anything interesting.

(f) I long for the sea every time I think of holidays.

6 Formulate questions in Romanian to give the replies in Exercise 5 above.

7 Translate into English.

(a) Elevii merg la şcoală cinci zile pe săptămînă.

(b) Plecăm în România de mîine într-o săptămînă.

(c) Ei merg la munte de trei ori pe an.

(d) Trebuie să facă o injecţie din două în două zile.

(e) Peste trei săptămîni e ziua lui Radu.

(f) Îi dăm telefon din cînd în cînd.

(g) Cumpăraţi ziarul în fiecare zi?

8 Complete the sentences from the options below.

Example: I-au sfătuit pe studenţi să citească

(a) I-au sfătuit pe studenţi _____

(b) Doctorul a spus copiilor _____

(c) V-a fost uşor _____

(d) Mi-aţi spus _____

(e) Ne-au invitat _____

(f) Ai plecat fără _____

(g) Aşteptăm ca Victor _____

(i) să citească	(v) să le facem o vizită
(ii) să mănînci	(vi) să găsiţi o casă de
(iii) să ne scrie	închiriat
(iv) să nu uite să ia medicamentele	(vii) să vă telefonez

9 Translate into English.

(a) Pe cine ai mai văzut în ultimul timp?

(b) Am întîlnit pe unul din domnii pe care mi i-ai prezentat săptămîna trecută.

(c) Pe care din ei, pe profesor sau pe doctor?

(d) Eu n-am mai avut timp să văd pe nimeni.

(e) Într-o vreme îi întîlneam pe toţi la petreceri.

(f) Acum nu-i mai întîlnesc decît pe cei care locuiesc aproape de mine.

10 Use the correct form of **primul, prima**.

Example: În primul rînd trebuie să mergi la doctor.

(a) În _____ rînd trebuie să mergi la doctor.

(b) Acești băieți au ajuns _____ la teleferic.

(c) Radu a fost la Paris pentru _____ oară.

(d) _____ medicamente pe care le-am luat au fost bune.

(e) Spuneți _____ copil să se dezbrace.

(f) Acesta este _____ lucru pe care trebuie să-l fac.

11 Translate into English.

(a) Au citit cărți interesante despre cele două războaie mondiale.

(b) Multe s-au întîmplat de la cel de-al doilea război mondial.

(c) Asta este a zecea carte pe care o scrie.

(d) Al cincilea tratament a fost cel mai bun.

(e) Îți spun a suta oară același lucru.

Some stamps from Romania ...

18

REZULTATE

Results

In this unit you will learn

- to use more reflexive verbs
- to say things like *so quickly that, so much that*
- to express *doing, leaving, taking*

Cuvinte cheie

abonament, abonamente (n)
subscription, season ticket
act, acte (n)   document, paper
a afla   to find out, discover
anumit, anumită, anumiți, anumite
certain
a se apropia (de)   to draw near (to),
approach
a arunca   to throw
a auzi   to hear
banc, bancuri (n)   joke
a bate   to beat
brînză, brînzeturi (f)   cheese
carne (f)   meat

celebru, celebră, celebri, celebre
celebrated, famous
a certa   to admonish, to tell someone
off
a se certa cu   to argue with
a se concentra (asupra)   to
concentrate (upon)
discurs, discursuri (n)   speech
divers, diversă, diverși, diverse
different
emisiune, emisiuni (f)   broadcast
a felicita   to thank
a ieftini   to reduce in price
meci, meciuri (n)   match

mesaj, mesaje (n)   message
a se mira   to be surprised
naiv, naivă, naivi, naive   naive
a observa   to observe
a paria   to bet
pariu, pariuri (n)   bet
păi!   well!
a presupune   to suppose
a provoca   to provoke
radio, radiouri (n)   radio
rest (n)   change
scamator, scamatori (m)   conjurer
a se scumpi   to become expensive
slab, slabă, slabi, slabe   weak
stagiune, stagiuni (f)   theatre season
a striga   to shout
suficient, suficientă, suficienți,
  suficiente   sufficient
suporter, suporteri (m)   supporter
știre, știri (f)   item of news
știință, științe (f)   knowledge
televizor, televizoare (n)   television
a toci   to swot, to cram

a transmite   to transmit
zvon, zvonuri (n)   rumour
a se zvoni   to be rumoured
buletin de știri   news bulletin
După cum știi...   As you know...
a deschide televizorul   to turn on the TV
a da drumul la televizor   to turn on the TV
a închide televizorul   to turn off the TV
Lăsați-mă în pace!   Leave me alone!
a lua la braț   to take on one's arm
a face pariu pe   to make a wager on
Nu mai spune!   You don't say!
cu răceală   coldly
a da restul   to give change
a-și da seama   to realise
E (timp) frumos.   It's fine weather.
E (timp) urît.   It's bad weather.
Nu-mi vine să cred.   I find it difficult to believe.

🔲 ——————— **Explicații** ———————

1 *More reflexive forms*

Reflexive verbs, denoting actions that affect oneself such as **mă spăl** *I wash myself*, were presented in Unit 7 (see pages 55-56). You also met in Unit 12 (page 118) a number of impersonal verbs which are also reflexive. You will remember that an impersonal verb is one which does not have a person as its subject, or as the *doer* of an action. **A se întîmpla** *to happen* and **a se părea** *to seem* are examples of impersonal verbs in Romanian because you have to use the verb in the manner of *it happens to be*, *it seems to me* and not *I happen, I seem*. Since both these verbs are reflexive in Romanian *to me* is expressed by the shortened form of the pronoun.

mi se pare	*it seems to me*
ți se pare	*it seems to you*, etc.
mi s-a părut	*it seemed to me*

(a) You also saw in Unit 12 (see page 115) that verbs may be used in the reflexive when you wish to avoid attributing actions or remarks to a person:

Mi s-a spus că au sosit.	*I was told that they had arrived.*
Ni s-au dat multe cărți.	*We were given many books.*
Nu li s-a oferit nimic.	*Nothing was offered to them.*

Here are some more examples of such verbs:

Se zvonește că o să mai vină minerii.	*It's rumoured that the miners will come again.*
Se vede că guvernul n-a învățat nimic.	*It's obvious that the government hasn't learnt anything.*
Se afirmă că prăbușirea guvernului a fost urmarea unei lovituri de stat.	*It is claimed that the fall of the government was the consequence of a coup d'état.*

(b) A verb often assumes a reflexive form when it is used without an object:

Au stins luminile.	*They turned out the lights.*
Luminile s-au stins.	*The lights went out.*
Dumnezeu a creat universul.	*God created the universe.*
Universul s-a creat.	*The universe was created.*
Primul ministru a mărit lefurile.	*The Prime Minister raised wages.*
Lefurile s-au mărit.	*Wages have been increased.*

(c) Where two or more people are both the *doer* and object of an action a reflexive form is required:

S-au întâlnit în fața hotelului.	*They met in front of the hotel.*
Radu și Dan se ceartă zilnic.	*Radu and Dan quarrel daily.*
Suporterii s-au bătut la meci.	*The supporters fought each other at the match.*
Nu ne-am văzut de mult.	*We haven't seen each other in ages.*

(d) You may find a reflexive form in Romanian where English prefers a passive:

Cheile s-au pierdut.	*The keys have been lost.*
Mașina s-a vândut.	*The car has been sold.*
Discursul s-a rostit.	*The speech has been delivered.*
Tot vinul s-a băut.	*All the wine has been drunk.*

2 Saying 'with the result that'

This may be expressed by **aşa de** and **atît de** followed by **încît**:

Era **aşa de** frig **încît** au renunţat să meargă la mare.
It was so cold that they decided not to go to the seaside.

Concertul era **aşa de** prost **încît** am plecat după un sfert de oră.
The concert was so poor that we left after a quarter of an hour.

Ministrul vorbeşte **aşa de** încet **încît** nu-l aud.
The minister speaks so softly that I can't hear him.

You will also find **atît** and **cît** with a variety of meanings:

Pe **cît** era de urît, pe **atît** era de prost.
He was as stupid as he was ugly.

După **cît** se pare, s-a scumpit benzina.
By all accounts the price of petrol has gone up.

Cu **cît** ştim, cu **atît** ne dăm seama **cît** de puţin ştim.
The more we know, the more we realise how little we know.

In the following examples note that **atît** agrees:

Erau **atîţia** oameni acolo încît nu vedeai scena.
There were so many people there that you couldn't see the stage.

Avem **atîtea** datorii încît nu ştim cum o să ne descurcăm.
We have so many debts that we don't know how we are going to make ends meet.

3 Seeing, writing, wanting, etc.

(a) These forms are known grammatically as present participles. They are created in Romanian by adding endings to the root of the *to see, to write*, etc. form of the verb. The type of ending added depends on the nature of the verb. Thus those ending in **-i, -ia** and **-ie** use -ind:

a scr**ie**	scr**iind**	*writing*
a întîrz**ia**	întîrzi**ind**	*being late*
a cit**i**	cit**ind**	*reading*
a dorm**i**	dorm**ind**	*sleeing*
a **fi**	fi**ind**	*being*

Note:
All other verbs take **-înd**:

a lua	luînd	*taking*
a da	dînd	*giving*
a cînta	cîntînd	*singing*
a pune	punînd	*putting*
a şterge	ştergînd	*wiping*

(*b*) Reflexive verbs add **-u** to **-ind/-înd**:

a se spăla	spălîndu-se	*washing*
a se trezi	trezindu-se	*waking up*
a-şi imagina	imaginîndu-şi	*imaginging*

-u is also added when the participle is followed by *him, us, them*, etc:

citindu-l	*reading it*
cumpărîndu-le	*buying them*
alegîndu-i	*choosing them*

However, **-u** is not added if **o** *her, it* follows:

trezind-o	*waking her up*
luînd-o	*taking her*

(*c*) Unusual forms:

avînd	*having*
bătînd	*beating*
căzînd	*falling*
deschizînd	*opening*
făcînd	*doing*
trimiţînd	*sending*
văzînd	*seeing*
întorcîndu-se	*returning*

The negative form is made by putting **ne** in front of the verb:

neavînd	*not having*
neştiind	*not knowing*

Examples:

Neavînd bani de metrou, m-am dus acasă pe jos.	*Not having any money for the underground, I went home on foot.*
Întorcîndu-mă la maşină, am găsit portofelul.	*Returning to the car I found the wallet.*

Văzîndu-l pe Victor i-am dat plicul.	*Seeing Victor I gave him the envelope.*
Imaginîndu-mi că sînt la mare, m-am dezbrăcat.	*Imagining that I was at the seaside, I got undressed.*

România şi românii

About 85 per cent of Romanians, some 17 million, belong to the Orthodox faith. There are estimated to be more than 300,000 Romanian baptists and between one and two million adherents to the Uniate, or Greek Catholic, church. Because the Uniate church recognised the authority of the Pope it was outlawed by the Communist authorities in 1948, and all five of its bishops and many of its priests were imprisoned. Most of them died there. The property of the Uniate church was taken over by the Orthodox church. Following the revolution in December 1989, the Uniate church was re-established and its principal bishop was made a Cardinal by the Pope.

The majority of Romania's two million Hungarians are Catholic, but a considerable number (700,000) belong to the Hungarian Reformed Church. In the Dobrogea region on the Black Sea, there are about 40,000 Turks and Tatars who are Moslem. The rapidly dwindling German population of Transylvania is largely Lutheran.

Many Romanians are named after saints of the Orthodox church and on the saint's day celebrate their name like a birthday. Thus on Saint George's day, 23 April, Romanians with the name of Gheorghe, are given presents by family and friends. Some common Romanian Christian names are Constantin, Dumitru and Vasile which are all names of saints of the Orthodox church.

Dialog

The importance of rumour and jokes. Maria and Radu are shocked by news of soaring prices and of Nicu's colour TV.

Maria De cînd m-am întors din concediu am auzit diverse zvonuri.

Radu Nu mai spune! Ce se zvoneşte?

Maria Păi se pare că iar se scumpeşte benzina!

Radu Şi ce, te miri?

Maria Bineînţeles. Mă mir că sînt atît de naivă încît mai am încă maşina în loc s-o vînd.

Radu Şi ce se mai spune?

Maria Se zice că un bilet de autobuz va costa 15 lei.

Radu Asta nu cred.

Maria Nici mie nu-mi vine să cred.

Radu Se pare că s-a transmis la ştiri că s-a scumpit abonamentul la televizor.

Maria Cu cît e mai scump, cu atît emisiunile sînt mai slabe, ai observat?

Radu Nu, pentru că, după cum ştii, n-am televizor.

Maria Da, aşa e. Eu, avînd unul, mă simt obligată să-l deschid din cînd în cînd.

Radu Apropo, ştii bancul cu scamatorul?

Maria Nu! Spune-mi-l!

Radu O doamnă, întîlnind pe stradă un scamator celebru, îl provoacă spunîndu-i că face pariu că nu e bun de nimic. Scamatorul, zîmbind, pune pariu pe un milion de lei că de la un anumit balcon va fi aruncat în stradă un televizor. Scamatorul se concentrează, doamna se uită cu interes la balcon unde vede aparînd un om. Uitîndu-se enervat spre ei, le strigă: Lăsaţi-mă în pace! N-am televizor!

Maria Apropo de banc, te-ai mai văzut cu Nicu? Am aflat că Nicu tocmai şi-a cumpărat un televizor în culori.

Radu Aşa-i trebuie!

——————— **Exerciţii** ———————

1 At some time during a visit to Romania you are likely to have to fill in a registration form, be it for a visa, a hotel room, or for hiring a car. Here is a typical form. Fill in your own personal details:

Numele ....

Prenumele ....

Data naşterii ....

Locul naşterii ....

Domiciliul Ţara ....

                Localitatea ....

                Strada ....

                Nr ....

Scopul vizitei în România ....

Gazda şi adresa ....

Data intrării în România ....

---

gazdă (f)	host
naştere (f)	birth
scop (n)	purpose

2 Listen to, or read the dialogue again and write it out. See how many reflexive verb forms you can identify.

3   Put the verb into the past tense.
    Example: Am auzit că (a se vinde) toate biletele.
              Am auzit că **s-au vîndut** toate biletele.
    (*a*) Am auzit că (**a se vinde**) toate biletele.
    (*b*) La radio (**a se transmite**) o emisiune foarte interesantă de
    ştiinţă.
    (*c*) (**a se termina**) stagiunea de concerte.
    (*d*) (**a se trimite**) mesajul.
    (*e*) La petrecere (**a se bea**) tot vinul şi toată ţuica.
    (*f*) (**a se citi**) toate discursurile.

4   Translate into English.
    (*a*) Se zice că s-a scumpit brînza.
    (*b*) Se spune că e coadă la carne.
    (*c*) S-a zvonit că se vor ieftini ouăle.
    (*d*) Se crede că va fi o iarnă grea.
    (*e*) Se presupune că la vară va fi cald.
    (*f*) Se vede că oamenii sînt trişti.

5   Put the verbs into the present, imperfect, and past tenses.
    Example: Ne (a se întîlni) la ziua Anei
              Ne **întîlnim** la ziua Anei
              Ne **întîlneam** la ziua Anei
              Ne-am întîlnit la ziua Anei
    (*a*) Ne (**a se întîlni**) la ziua Anei.
    (*b*) Se (**a se vedea**) foarte des la cozi.
    (*c*) Vă (**a se certa**) degeaba.
    (*d*) Se (**a se saluta**) cu răceală.
    (*e*) Ne (**a se felicita**) după fiecare examen.
    (*f*) Suporterii (**a se bate**) la meci.

6   Translate Exercise 4 into English.

7   Complete the blanks.
    Example: Văz_____ că s-au terminat biletele, am renun-
              ţat să văd spectacolul.
              Văzînd că s-au terminat biletele, am renunţat să văd
              spectacolul.
    (*a*) Văz_____ că s-au terminat biletele, am renunţat să văd
    spectacolul.
    (*b*) Fi_____ obosiţi au plecat în concediu.
    (*c*) Neav_____ destui bani, nu şi-a mai cumpărat maşină.
    (*d*) Ven_____ spre casă, ne-am întîlnit cu George.

(e) Deschiz_____ radioul, a aflat că mîine va fi frumos.

(f) Scr_____ scrisoarea, şi-a dat seama că nu ştie adresa.

8 Replace the bold words with *him, her, it, them,* etc.

Example: Citind **articolul**, a aflat că a început stagiunea.

Citindu-l, a aflat că a început stagiunea.

(a) Citind **articolul**, a aflat că a început stagiunea.

(b) Văzînd **pe Victor**, i-a transmis mesajul.

(c) Scriind **scrisorile**, a obosit.

(d) Punînd **masa**, a uitat paharele.

(e) Luînd **pe Ana** la braţ, i-a spus ultimele ştiri.

(f) Dînd **lui Victor** banii, şi-a dat seama că şi-a pierdut actele.

9 Use the required form of the reflexive.

Example: Ducînd _____ spre casă, aţi observat că nu aveţi bani suficienţi.

Ducîndu-**vă** spre casă, aţi observat că nu aveţi bani suficienţi.

(a) Ducînd _____ spre casă, aţi observat că nu aveţi bani suficienţi.

(b) Trezind _____ prea tîrziu, n-a mai avut timp să mănînce.

(c) Spălînd _____ iarna cu apă rece, au răcit.

(d) Dînd _____ seama că e tîrziu, am luat un taxi.

(e) Imaginînd _____ că eşti milionar, ai cheltuit toţi banii.

(f) Amintind _____ că peste zile au examen, au început să tocească.

10 Translate into English.

(a) După cîte ştiu, au plecat ieri la Viena.

(b) Cu cît ştii mai mult, cu atît iţi dai seama cît de puţin ştii.

(c) Era aşa de frig, încît au renunţat să meargă la mare.

(d) Pe cît era de urît, pe atît era de prost.

(e) Emisiunea este atît de slabă, încît trebuie să închidem televizorul.

(f) După cît se pare, s-a scumpit benzina.

19

ORIENTARE ÎN SPAȚIU
Position

In this unit you will learn to say

- I had seen, I had slept, etc.
- I might be going, I might have gone
- in front of, around, at the back of

Cuvinte cheie

acționar, acționari (m)   share holder
acțiune, acțiuni (f) share (in a company)
anunț, anunțuri (n) advertisement
apropiat, apropiată, apropiați,
 apropiate   neighbouring, close
avere, averi (f)   wealth
bancă, bănci(f)   bank
bunic, bunici (m) grandfather
bunică, bunici (f)   grandmother
bursă, burse (f)   grant, Stock Exchange
cec, cecuri (n)   cheque
comision, comisioane (n)   errand,
 commission
cont, conturi (n)   account
credit, credite (n)   credit
cumnat, cumnați (m)   brother in law

cumnată, cumnate (f)   sister in law
a cunoaște   to know
curs (n)   exchange rate
a depune   to deposit
discret, discretă, discreti,
 discrete   discreet
a dura   to last
frate, frați (m)   brother
grozav   terrific
indiscret, indiscretă, indiscreți,
 indiscrete   indiscreet
a încasa   to cash
a îngriji   to take care of
a se întreba   to wonder
lanț, lanțuri (n)   chain
licitație, licitații (f)   auction

mătușă, mătuși (f) aunt	currency exchange office
nepot, nepoți (m) grandson, nephew	**carte de credit** credit card
nepoată, nepoate (f) granddaughter,	**carnet de cecuri** cheque book
niece	**cec de călătorie** traveller cheque
relație, relații (f) relative, relation	**Cît la sută?** What percentage?
a retrage to withdraw	**cu trei luni înainte** three months
a se retrage to retreat	earlier
rudă, rude (f) relative	**curs valutar** exchange rate
Sida (f) Aids (the virus)	**după colț** round the corner
sistem, sisteme (n) system	**a deschide un cont în bancă** to
slăbiciune, slăbiciuni (f) weakness	open a bank account
soră, surori (f) sister	**față de** compared with
a spera to hope	**în genul** of the type
unchi, unchi (m) uncle	**de îngrijit** to look after
valută, valute (f) hard currency	**mica publicitate** small ads
văduvă, văduve (f) widow	**în orice caz** in any case
văr, veri (m) cousin	**a retrage din cont** to withdraw from
verișoară, verișoare (f) cousin	an account
a avea cont în bancă to have a bank	**pe sistemul** along the lines of
account	**unu la sută** one per cent
birou de schimb bureau de change,	**valută forte** hard currency

 ——————— **Explicații** ———————

1   Saying 'I had seen', 'I had slept', etc.

(a)   An action expressed in the time-frame of *I had seen/done/left* is conveyed in what is known as the pluperfect tense which is another way of saying *the more than past tense*. In fact, you form this tense by taking the past participle (Unit 9 see page 77), dropping the final **-t** where applicable, and adding the following endings:

-sem	-serăm
-seși	-serăți
-se	-seră

Here are some examples with different categories of verb:

cîntasem	*I had sung*	tăcusem	*I had kept silent*
cîntaseși		tăcuseși	
cîntase		tăcuse	
cîntaserăm		tăcuserăm	
cîntaserăți		tăcuserăți	
cîntaseră		tăcuseră	

făcusem	*I had done*	mersesem	*I had gone*
făcuseşi		merseseşi	
făcuse		mersese	
făcuserăm		merseserăm	
făcuserăţi		merseserăţi	
făcuseră		merseseră	

scrisesem	*I had written*	coborîsem	*I had descended*
scriseseşi		coborîseşi	
scrisese		coborîse	
scriserăm		coborîserăm	
scriseserăţi		coborîserăţi	
scriseseră		coborîseră	

(b) Note these unusual forms which are modelled on the exceptional past partiples met in Unit 9:

fusesem	*I had been*	dădusem	*I had given*
fuseseşi		dăduseşi	
fusese		dăduse	
fuseserăm		dăduserăm	
fuseserăţi		dăduserăţi	
fuseseră		dăduseră	

A avea *to have* has two forms:

avusem	*I had had*	avusesem	*I had had*
avuseşi		avuseseşi	
avuse		avusese	
avuserăm		avuseserăm	
avuserăţi		avuseserăţi	
avuseră		avuseseră	

(c) **Examples:**

Îmi propusesem să deschid un cont.	*I had taken it upon myself to open an account.*
Luasem metroul dar tot întîrziasem.	*I had taken the underground, but I had still arrived late.*
Cînd am ajuns am constatat că ei plecaseră cu trei luni înainte.	*When I arrived I discovered that they had left three months earlier.*

In the above example note the phrase **cu trei luni înainte** *three months earlier*. Do not confuse this with **acum trei luni** *three months ago*.

✳ Note:

(*i*)   that **după ce** is followed by the past tense in Romanian whereas *after* in English is often followed by *had done/left*, etc:

> **După ce** am stat zece ore în tren nu ne-a așteptat nimeni la gară.
>
> *After we had spent ten hours in the train no one waited for us at the station.*

(*ii*) that Romanian uses the *had* forms in reported speech less often than in English:

> Au crezut că am plecat fără umbrelă.
>
> *They thought that I had left without my umbrella.*
>
> Nu ne-am imaginat că a fost arestată.
>
> *We didn't imagine that she had been arrested.*

2   *I might be going, I might have gone, I wonder if*

(*a*)   Statements expressing a present or past possibility such as *he may go, he might be going, he might have gone* can be conveyed in two ways in Romanian. You can:

(*i*)   use a conditional form of **a se putea** *to be able* followed by **să**:

> **S-ar putea să** ajungem mîine.
>
> *We may/might arrive tomorrow.*
>
> **S-ar putea** ca George **să** vrea să schimbe niște dolari.
>
> *George might want to change some dollars/maybe George will want to change some dollars.*

Might have is expressed as **să fi** plus the past participle:

> S-ar putea ca George **să fi vrut** să schimbe niște dolari.
>
> *George might have wanted to change some dollars.*
>
> S-ar putea ca noi **să fi crezut** că s-a schimbat ceva.
>
> *We might have thought that something had changed.*

(*ii*) use a special form of the verb called the presumptive. This is contructed from the future **voi fi** plus the present participle to say *I might be doing*, and from **voi fi** plus the past participle to say *I might have done*:

voi fi mergînd	*I might be going*	voi fi mers	*I might have gone*
vei fi mergînd		vei fi mers	

va fi mergînd	va fi mers
vom fi mergînd	vom fi mers
veţi fi mergînd	veţi fi mers
vor fi mergînd	vor fi mers

In colloquial speech, **voi** often becomes **oi**:

and **va**	**o**
vom	**om**
vor	**or**

Om fi ajungînd mîine.	*We may/might arrive/ be arriving tomorrow.*
George o fi vrînd să schimbe niște dolari.	*George might want to change some dollars/maybe George will want to change some dollars.*
George o fi vrut să schimbe niște dolari.	*George might have wanted to change some dollars.*
Noi om fi crezut că s-a schimbat ceva.	*We might have thought that something had changed.*

With the verb **a fi**, you find that **o fi** is preferred to **o fi fiind**:

Unde **o fi** Ana? **O fi** în grădină.	*Where can Ana be? She may be in the garden.*
Cine **o fi** logodnicul ei?	*Who can her fiancé be?*

(b)   In the last two examples **o fi** is the equivalent of *I wonder where?*, *I wonder who?* You could in fact ask:

Mă întreb unde este Ana?	*I wonder where Ana is?*
Mă întreb cine este logodnicul ei?	*I wonder who her fiancé is?*

The notion of *I wonder* can also be rendered by **oare**:

Oare unde este Ana?	*I wonder where Ana is?*
Oare cine este logodnicul ei?	*I wonder who her fiancé is?*

Compare these examples:

Ne întrebăm dacă se întoarce Monica.	*We're wondering if Monica is going to return.*
S-o fi întorcînd Monica? = **Oare** se întoarce Monica?	*Is Monica going to return (I wonder)?*
Se întreabă cînd s-a construit biserica.	*They wonder when the church was built.*

Cînd s-o fi construit biserica? =   *When was the church*
Oare cînd s-a construit   *constructed (I wonder)?*
biserica?

3   *In front of, around, at the back of, because of*

(a) Some words indicating position, and a small number of expressions such as *because of*, are followed by nouns in the *to/of* form. Here is a list of examples:

lupta **contra** Sidei	*the fight against Aids*
lupta **împotriva** ignoranței	*the fight against ignorance*
înaintea ușii	*in front of the door*
în fața mașinii	*in front of the car*
în spatele vilei	*at the back of the villa*
în dosul hotelului	*at the back of the hotel*
în dreapta gării	*to the right of the station*
în stînga restaurantului	*to the left of the restaurant*
în fundul geamantanului	*at the bottom of the suitcase*
în jurul lumii	*around the world*
în urma accidentului	*following the accident*
din cauza inflației	*because of inflation*
deasupra apartamentului meu	*above my flat*
de-a lungul șoselei	*along the main road*
în locul generalului	*in place of the general*

Me, you and *our*, when preceded by the above expressions, are conveyed by the possessive adjective forms which agree. The expressions in **-a** are regarded as feminine nouns, and those in **-le** and **-ul** as neuters:

În fața mea este o statuie.	*In front of me is a statue.*
În dreapta noastră se află o fîntînă.	*There is a fountain on our right.*
Nu văd nimic în jurul meu.	*I see nothing around me.*

Him, her and *them* are represented by the personal pronoun:

În fața lor este o statuie.	*In front of them is a statue.*
În dreapta lui se află o fîntînă.	*There is a fountain on his right.*
Ea nu vede nimic în jurul ei.	*She sees nothing around her.*

(b) As well as **în stînga**, **în dreapta**:
You may also meet **de stînga**, **de dreapta** in a political sense:

Partidul Social Democrat este considerat un partid **de stînga**.	*The Social Democratic party is considered a party of the Left.*
Partidul 'România Mare' este un partid **de dreapta**.	*The România Mare party is a party of the Right.*

România şi românii

Not long ago Bucharest was a dark, dirty and dismal city with cold flats and houses, and empty shops. Now the streets are better lit and many shops have coloured illuminated signs and elegant window displays. There is a greater choice of food and clothing, but prices are high. Wage increases have not kept up with the rise in prices and pensioners have been particularly badly hit. As government subsidies are withdrawn from the giant state industries which produce goods that nobody wants, workers are laid off and unemployment rises. Discontent can easily be channeled into nationalist feeling and this in turn can be used to support the reintroduction of authoritarian rule.

Tourism offers a potential area for growth in Romania. The beauty and variety of much of Romania's landscape is still largely inaccessible to visitors and carefully controlled development of the country's many lakes, spas and mountains could provide local employment and foreign earnings. Development of a food processing industry would enable the country to provide more food for its population and to increase its food exports. There is also room for expansion of the textile and furniture industries which have a skilled workforce than can produce goods of quality for export. However, import quotas and tariff barriers in the West restrict the amount of textiles which Romania can sell to the European Community and the United States. If Romania's economy is not given more assistance by the West, the pain of reform will become unbearable and the country will become a byword for instability rather than for prosperity.

Dialog

Changing money. Victor seeks advice about where the best rates of exchange are to be found.

Victor Petre, ştii cumva care e cursul dolarului?
Petre Faţă de leu?
Victor Da.
Petre Sînt 180 de lei la dolar.
Victor Şi care e cel mai apropiat birou de schimb?
Petre După colţ, la hotel.

Victor	Pe dreapta sau pe stînga?
Petre	Pe dreapta, în stînga unei bănci.
Victor	Grozav. Mă duc la bancă. Tot îmi propusesem să deschid un cont.
Petre	E mai bine la bancă. Comisionul e mai mic.
Victor	Sper. Și pot depune în cont dolarii pe care-i schimb. Încasez și un cec de călătorie.
Petre	Mai ai ceva de făcut azi?
Victor	Nu. De ce?
Petre	N-ai vrea să vii cu mine la Radu? Luăm metroul și într-un sfert de oră sîntem acolo. Nu stăm mult. Durează cinci minute să-i dau anunțul.
Victor	Tocmai mă întrebam ce-o mai fi făcînd. O fi venit de la Madrid?
Petre	A venit acum două zile.
Victor	Despre ce anunț e vorba?
Petre	La Mica Publicitate.
Victor	Dar tu nu poți să-l dai?
Petre	Ba da. Însă Radu are relații și anunțul apare mai repede.
Victor	Ah! Pe sistemul: X cunoaște pe Y care e rudă cu Z care-l știe pe A...
Petre	Exact. Unchi, mătuși, bunici, veri, lanțul rudelor și al slăbiciunilor.
Victor	Dacă nu-s indiscret, ce anunț vrei să dai?
Petre	O să vezi. În orice caz, nu în genul: Tînără văduvă caută soț bătrîn cu avere de îngrijit.

 ———— **Exerciții** ————

1   In the last line of the dialogue Petre says: *You'll see. In any case not (an ad) of the kind: Young widow seeks an elderly husband with money to look after.* Here are some examples of typical small ads found in Romanian newspapers:

OFERTE

Firmă germană cu sediul în București caută tînără secretară, max 30 ani, limba germană curent, engleză-franceză mediu, cunoștințe optime de dactilografiere și telex. Informații la telefon 50 20 24

VÎNZĂRI

VÎND Opel Rekord 1984, stare excepțională.
Tel. 97 53 25.

VÎND apartament 5 camere Bucur-Obor.
Telefon 88 00 11.

VÎND videorecorder Sony – 100 000 lei.
Tel. 971/22 122.

CUMPĂRĂRI

CUMPĂR apartament vilă sau bloc,
teren centru (lei/valută).
Tel. 65 77 00

CUMPĂR televizor color românesc.
Tel. 33 00 11.

SCHIMBURI

SCHIMB garsonieră București cu
similar Brașov. Tel. 01 60 95.

---

dactilografiere (f) typing	**stare** (f) condition
garsonieră (f) studio flat	**teren** (n) land
sediu (n) headquarters	

---

 2 After listening to the cassette say which of the following are true or false.

(*a*) Victor știe care e cursul dolarului.
(*b*) Victor nu știe unde se poate schimba valuta.
(*c*) Banca este în dreapta biroului de schimb.
(*d*) Victor vrea să meargă la bancă numai pentru a schimba dolari.
(*e*) Petre îi propune lui Victor să meargă la Radu pe jos.

3 Replace the verbs underlined by the pluperfect (*had*) forms.
Example: Știam că **a fost** în concediu.
  Știam că fusese în concediu.

(*a*) Știam că **a fost** în concediu.
(*b*) Ne întrebam ce **au avut** împotriva noastră.
(*c*) **Au schimbat** niște cecuri de călătorie.
(*d*) **Am plecat** fără să văd dacă am cecul la mine.
(*e*) **Ne-am trezit** prea tîrzu pentru a mai găsi o bancă deschisă.
(*f*) **Ați crezut** că au plecat fără umbrelă.

4 Translate Exercise 3 into English.

5 Place yourself in position A on the diagram and then consider whether the following are true or false.

(a) cinematograf
(b) teatru
(c) tutungerie
(d) restaurant
(e) bancă
(f) hotel
(g) poștă
(h) stație de metrou
(i) stație de autobuz

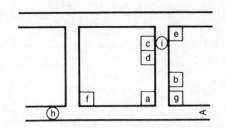

(i) Față de A, poșta e pe stînga și cinematograful e pe dreapta.

(ii) Pentru a ajunge la restaurant, luați-o pe a doua la dreapta și pe prima la stînga.

(iii) Restaurantul e în stînga tutungeriei.

(iv) Banca e vizavi de teatru.

(v) Stația de autobuz e în dreptul tutungeriei.

(vi) Cinematograful e pe colț.

6   Translate into English:
   (a) Apartamentul meu este deasupra apartamentului lui Petre.
   (b) În jurul casei este o grădină superbă.
   (c) În spatele vilei se află piscina.
   (d) Liftul este în fața apartamentului.
   (e) Mașina lor e în stînga mașinii voastre.
   (f) În dreapta hotelului se află o bancă.

7   Supply the correct form of the pronoun.
   Example: Studenții stau în jurul (**el**).
             Studenții stau în jurul lui.

   (a) Studenții stau în jurul (**el**).
   (b) În spatele (**ea**) este un bar.
   (c) Familia Georgescu locuiește deasupra (**ei**).
   (d) În fața (**noi**) este o stație de metrou.
   (e) În dreapta (**dumneavoastră**) este un hotel.
   (f) Toți sînt împotriva (**tu**).

8   Give a suitable form of the verbs in brackets.
   Example: S-ar putea ca George (**a vrea**) să schimbe niște dolari.
             S-ar putea ca George să vrea/să fi vrut să schimbe niște dolari.

   (a) S-ar putea ca George (**a vrea**) să schimbe niște dolari..
   (b) S-ar putea să (**eu- a veni**) cu voi.
   (c) S-ar putea să (**noi- a pleca**) cu avionul.

(*d*) Ce-o fi (**face**) Radu acum?

(*e*) S-or fi (**a se întoarce**) din Franţa săptămîna trecută?

(*f*) S-o fi (**a se duce**) ieri la doctor?

9 Translate Exercise 8 into English.

20

Revision

1 Listen to, or if you don't have the cassette read carefully, the following dialogue and answer the questions.

Nicu	Alo, casa Stănescu?
O voce	Nu, ați greșit numărul.
Nicu	Nu aveți 18.24.25?
O voce	Nu!
Nicu	Scuzați, vă rog.
Nicu	Alo, casa Stănescu?
O voce	V-am spus de trei ori pînă acum că e greșeală.
Nicu	Oh! Scuzați!
Nicu	Alo, Informațiile?
I	Da, ce doriți?
Nicu	Aș vrea să știu ce număr are Stănescu Paul, strada Dreaptă. Numărul nu este în cartea de telefon.
I	Un moment, vă rog....are 51.74.28.
Nicu	Este cumva un număr secret?
I	Nu.
Nicu	Atunci de ce nu este în carte?
I	Pentru că v-ați uitat într-o carte de telefon veche.
Nicu	Oh! Nu știam că a apărut cea nouă.
I	Nici n-a apărut!
Nicu	Ei, așa da! Trebuia să-mi dezvolt calități de clarvăzator..

I	Nu fiți impertinent!
Nicu	Scuzați-mă. Spuneți-mi, vă rog, aveți des astfel de discuții?
I	Da, mult prea des.
Nicu	N-aș spune că nu le meritați!

(a) What number did Nicu think he was ringing?

(b) How many times had he been told that he had called the wrong number?

(c) What did he do to find the correct number?

(d) Why couldn't he find the number?

(e) Why is Nicu called impertinent?

2   Here is a diagram of part of the Bucharest underground network. We are going to use it to check your knowledge of *first, second*, and so on.

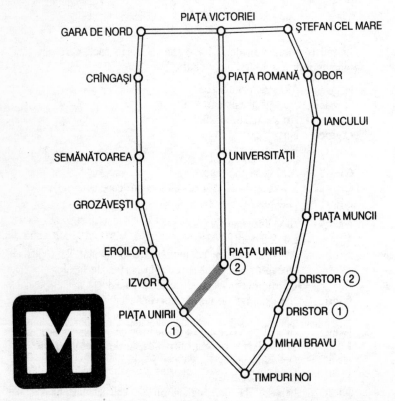

Bucharest underground plan and symbol

(a) Cîte stații sînt de la Gara de Nord la Grozăvești?
(b) Piața Romană este prima sau a doua stație după Universitații?
(c) Dristor 1 este a treia sau a patra stație după Timpuri Noi?
(d) Între ce stații este Obor?

3   Look at the airport/city centre bus timetable below and then
    answer the questions:

Aeroport	Centru
0500	–
0600	0500
0715	0600
0800	0650
0900	0800
1000	0900
1100	1000
1200	1100
1300	1200
1400	1300
1500	1400
1600	1500
1700	1600
1800	1700
1900	1800
2000	1900
2100	2000
2200	2100
Centru	**Aeroport**

(a) La ce oră pleacă primul autobuz de la aeroport spre oraș?
(b) Care este ultimul autobuz din centrul orașului spre aeroport?
(c) Cîte curse de autobuz pe zi sînt de la aeroport spre centru?
(d) Dacă pierzi autobuzul de la 0715 la aeroport cît trebuie să
aștepți pînă pleacă următorul?
(e) Cîte curse (buses) sînt pînă la aeroport după ora 2100?

4   Study the following announcements and then answer the
    questions:

**Orele de decolare/alterizare pot fi modificate fără o
înștiințare prealabilă. În consecință, pasagerii sînt ruga-
ți să verifice aceste date înainte de a-și face rezervarea.**

(a) What can be changed without prior notice?
(b) What should passengers do before making a reservation?

Copiii beneficiază de tarife speciale în funcție de vîrstă (pînă la 12 ani) și în cazul în care călătoresc singuri sau însoțiți de un adult. Copiii sub 2 ani care nu ocupă un loc individual și sînt însoțiți de un adult beneficiază de o reducere de 90% din tariful pentru adult.

(a) What benefits do children enjoy?
(b) What is the age limit for such benefits?
(c) What benefits do children under two receive?
(d) List the conditions which must be fulfilled?

5 Supply the required form of the adjective.
Example: Toți copiii lor sînt (**blond**).
Toți copiii lor sînt blonzi.

(a) Toți copiii lor sînt (**blond**).
(b) Aș vrea o casă mai (**mare**) decît cea în care locuiesc.
(c) În ultima vreme ați citit numai cărți (**interesant**).
(d) Este o experiență (**folositor**).
(e) Și-a cumpărat niște cărți (**englezesc**).
(f) Vrea să-și vîndă mașina (**vechi**) și să-și cumpere una (**nou**).

6 Match the columns:
(a) Cele mai multe limbi se vorbesc în ...   înotul.
(b) Cel mai sănătos sport este ...   India.
(c) Cel mai mare oraș din lume este ...   Canary Tower.
(d) Cea mai înaltă construcție din Europa este ...   China.
(e) Țara cu populația cea mai numeroasă este ...   Mexico City.

7 Replace the present with the present conditional.
Example: Dacă **vreți**, **pot** să vă ajut.
Dacă **ați vrea**, **aș putea** să vă ajut.

(a) Dacă **vreți**, **pot** să vă ajut.
(b) Dacă **am** timp, **trec** să te văd.
(c) Vă **duceți** la ei dacă **vă invită**?
(d) Au spus că **se mută** dacă **găsesc** o casă mai bună.
(e) Îți imaginezi că dacă **sînt** obligat, **stau** la coadă.
(f) Îi **telefonez** dacă **aflu** ce număr are.

8 Rewrite Exercise 7 using (a) the past conditional, and (b) the imperfect.
Example: Dacă ați fi vrut, aș fi putut să vă ajut.
Dacă voiați, puteam.

9   Use the reflexive pronouns.
    Example: Victor și Maria_____au întîlnit la cinema.
                Victor ș Maria s-au întîlnit la cinema.
    (*a*)   Victor și Maria_____au întîlnit la cinema.
    (*c*)   Eu_____am dus după cumpărături.
    (*c*)   Noi_____am întors din străinătate.
    (*d*)   Copii, _____ați spălat pe mîini?
    (*e*)   _____ai trezit prea devreme.
    (*f*)   _____ați uitat aseară la televizor?

10   Replace the past with the imperfect.
    Example: Ne-am întîlnit foarte des.
                Ne întîlneam foarte des.
    (*a*)   Ne-am întîlnit foarte des.
    (*b*)   V-ați salutat cu răceală.
    (*c*)   Și-au imaginat că ați fost grăbiți.
    (*d*)   Ne-am dat seama că au avut dreptate.
    (*e*)   Ți-ai amintit de el.
    (*f*)   S-au văzut la doctor.

11   Supply the forms of the pronouns in brackets.
    Example: (**Eu**) s-a spus că s-a scumpit benzina.
                Mi s-a spus că s-a scumpit benzina.
    (*a*)   (**Eu**) s-a spus că s-a scumpit benzina.
    (*b*)   (**El**) s-a părut că e mai cald.
    (*c*)   (**Noi**) s-a zis să plecăm cu trenul.
    (*d*)   (**Voi**) s-a părut că i-ați văzut.
    (*e*)   (**Ei**) s-a transmis mesajul.
    (*f*)   (**Ele**) s-a terminat benzina.

12   Give the *don't* forms:
    Example: Dă-i-l! Nu i-l da!
    (*a*)   Dă-i-l!
    (*b*)   Citește-i-o!
    (*c*)   Luați-o!
    (*d*)   Credeți-i!
    (*e*)   Transmite-i-le!
    (*f*)   Spune-mi-o!

13   Add the correct ending.
    Example: Au fost **anunțat(-)** că liftul a fost reparat.
                Au fost **anunțați** că liftul a fost reparat.
    (*a*)   Au fost **anunțat(-)** că liftul a fost reparat.
    (*b*)   Ați fost **obligat(-)** să veniți înapoi mai repede.

(c) Maria, vei fi **invitat(-)** la teatru.
(d) Au fost **trezit(-)** de un telefon.
(e) Cecurile au fost **schimbat(-)** la bancă.
(f) Scrisorile vor fi **trimis(-)** mîine.

14 Translate into English.
(a) Se aude că se scumpește transportul.
(b) S-a crezut că se va schimba guvernul.
(c) Se vede că nu s-a schimbat nimic.
(d) Se pare că va fi o schimbare în viața ei.
(e) Se zvonește că va fi un spectacol superb.
(f) Se spune că e un tablou frumos.

15 Use the correct form of **al, a, ai, ale**.
(a) Aceste cărți sînt _____mele.
(b) _____cui este mașina?
(c) Acesta e un prieten de_____ ei.
(d) O prietenă de_____ mea pleacă la Roma.
(e) _____cui sînt copiii?
(f) _____tale sînt mai frumoase.

16 Give the correct ordinal number.
Example: Este (5) oară cînd văd filmul.
            Este **a cincea** oară cînd văd filmul.
(a) Este (5) oară cînd văd filmul.
(b) Este (3) schimbare de guvern.
(c) Au trecut mulți ani de la (2) război mondial.
(d) Acesta este (1) meci cîștigat de ai lor.
(e) Așteptăm cu interes (1) lui piesă.

– KEY TO THE EXERCISES –

Unit 1

1 (a) Bună dimineața domnule Porter. (b) Bună ziua doamnă Enescu. (c) Bună seara domnișoară Enescu. 2 La revedere. 3 Vorbiți mai rar, vă rog. 4 (a) Bună ziua. Ce mai faceți? (b) Vorbiți mai rar, vă rog. (c) Nu mulțumesc. (d) La revedere. 5 Poftim? 6 Noapte bună. 7 (a) Bună dimineața (b) Noapte bună (c) Domnule (d) Ce mai faceți? (e) Bună ziua (f) Poftim? (g) La revedere (h) Bună seara (i) Scuzați: vertical = Mulțumesc. **Un mic test** (a) Bună ziua (b) Vorbiți englezește? (c) Mulțumesc.

Unit 2

1 In a restaurant. 3 Ce doriți, domnule? Îmi pare rău, nu avem bere. Nu avem nici cafea. Poate doriți vin. 4 Scuzați, vă rog, unde este un hotel (b) o farmacie (c) o stație de benzină. 5 (a) Nu mulțumesc, nu vreau cafea. (b) Nu, îmi pare rău, nu avem aspirine. (c) Nu vreau ceai. (d) Nu, nu este un hotel. (e) Nu, nu este o stație de taxiuri. 6 aspirine; benzină; țigări. 7 Cît costă. 9 O stație de benzină; o sticlă de vin; o cameră de hotel; două bilete de metrou; zece aspirine.

Unit 3

1 (a) true (b) false (c) true (d) false (e) true. 2 d,b,c,g,h,e,a,f. 3 (a) Aveți copii? (b) Aveți fete? (c) Sînteți englez? (d) Unde stați? (e) Cît timp stați aici? (f) Ce sînteți? 4 (a) un, (b) o, (c) un, (d) un, (e) un, (f) o, (g) un, (h) un, (i) un. 5 vorbiți, unde, telefon, copil, aveți, sînteți, depinde, săptămînă, ziaristă, sticlă. 6 (a) Sînteți româncă? (b) Sînt căsătorit. (c) Unde este un restaurant. (d) Mă numesc Victor Enescu. (e) Sînt student (f) Cît costă un bilet? (g) Vreau o sticlă cu apă minerală. 7 (a) How much is a tea cake? (b) How much are two loaves? (c) We are staying seven days in Romania and nine days in Britain. (d) Would you like some coffee? (e) Yes, I would like two coffees.

(f) We have four children. 8 Column (a) for Mr Porter and (b) for Mrs Porter. 9 (a) un, (b) nu, (c) român, (d) este, (e) seară, (f) tren, (g) am, (h) unde, (i) România, (j) aici, (k) noapte, (l) telefon. 10 (a) cîte, șaptesprezece, (b) cîți, patru, (c) cîte, paisprezece, (d) cîte, douăsprezece, (e) cîți, șaisprezece, (f) cîți, unsprezece, (g) cîte, cincisprezece.

Unit 4

Dialogue: (a) Mr Porter asks the way to the station. (b) The passerby asks Mr Porter whether he is going on foot or by bus. (c) About twenty minutes. (d) He goes on foot and then by bus. (e) Go straight on and then turn right. (f) Between the hotel and the restaurant. (g) There are six stops. (h) Yes. (i) Before you get to the hotel. 1 c,b,d,a. 2 Mergeți pe bulevard drept înainte pînă la intersecție, apoi la dreapta. Lîngă o stație de autobuz este un hotel. 3 (a) între (b) pe, pînă la (c) spre (d) lîngă. 4 (a) mergeți/ stați (b) stă (c) ești (d) avem/luăm (e) mergi (f) sînt (g) iei, mergi (h) ia (i) avem (j) stau/sînt (k) aveți (l) stă/este (m) merg. 5 (a) Noi stăm (b) Ei sînt (c) aveți (d) merg (e) stați (f) luați, mergeți (g) Ei iau. 6 (a) Nu merg spre/la gară. (b) Nu stă la hotel. (c) Nu are un tichet de autobuz. (d) Nu merg cu mașina. (e) Nu sînt român. (f) Nu sînt studenți. (g) Nu vreau un pahar cu vin. (h) Nu vorbesc românește. (i) Nu merge la farmacie. (j) Nu iau autobuzul. 7 (a) Tu/dumneata mergi/ Dvs.voi mergeți spre/la gară? (b) El stă la hotel? (c) Ea are un tichet de autobuz? (d) Ei/ele merg cu mașina? (e) Tu/dumneata ești român? Dumneavoastră sînteți român? (f) Ei sînt studenți? (g) Tu/dumneata vrei un pahar cu vin? Dumneavoastră vreți un pahar cu vin? (h) Dumneavoastră vorbiți românește? (i) El merge la farmacie? (j) Tu/dumneata iei autobuzul? Dumneavoastră luați autobuzul? 8 Check the forms of the verbs in Explicații on page 32.

Unit 5

1 (a) 8am and 8pm, (b) 8, (c) between 9 and 12, (d) 8.15. 2 False a,b,g; True c,d,e,f. 3 7.45, 7.25, 1.30, 2.15, 3.10, 11.40. 4 (a) vorbeşte (b) ştiu (c) lucrează (d) întrebaţi (e) poţi (f) lucraţi (g) ştiu (h) dorim (i) vedeţi (j) putem (k) lucrez (l) vorbesc 5 E închis între opt şi şase. 6 (i) e; (ii) d; (iii) a; (iv) f; (v) b; (vi) c. 7 (a) bun/obositor (b) bună/mare/mică/dulce (c) buni/mari/mici/obositori (d) bune/mari/ mici (e) bun/sec/dulce (f) mică/bună/ obositoare 8 (a) Pot merge cu tine/ dumneavoastră. (b) Ei/ele pot lucra între opt jumate dimineaţa şi trei după-amiază. (c) Putem vorbi cu el. (d) Poţi/puteţi lua autobuzul de la hotel. (e) El poate întreba unde este o staţie de taxi. (f) Poţi/puteţi sta la hotel.

Unit 6

1 20, 34, 46, 52, 66, 89, 91, 99, 100. 2 (a) Ce doriţi? (b) Aveţi aspirine? (c) Cît costă asta? (d) Cum vă numiţi? (e) Sînteţi români? (f) Cîţi copii aveţi? (g) Cît timp staţi aici? (h) De unde pot lua tichete? (i) Cu ce mergeţi? 3 Douăsprezece şi un sfert, şaptesprezece şi patruzeci şi cinci, treisprezece treizeci, paisprezece şi cincizeci, douăzeci şi douăzeci, douăzeci şi două. 5 Cum merg spre o farmacie, spre o staţie de metrou, spre un hotel, spre o alimentară? 6 (Spre o farmacie) mergeţi pînă la intersecţie, apoi la stînga. (Spre un hotel) mergeţi pînă la intersecţie, apoi la dreapta. (Spre o staţie de metrou) mergeţi pînă la intersecţie. Acolo este o staţie de metrou. (Spre o alimentară) mergeţi drept înainte, apoi la dreapta. 7 My name is John Smith. I am English. I am married and have two children, a girl and a boy. I don't speak Romanian well. I am staying in Romania for two or three weeks. What is your name? Do you have any children? 8 De unde luăm un autobuz spre gară, vă rog? Avem nevoie de tichete de autobuz. De unde luăm tichete? Nu avem timp să stăm la coadă. Putem merge pe jos? În cît timp sîntem la gară dacă mergem pe jos? 9 (a) cîţi, (b) unde, (c) cînd, (d) cît, (e) cîte. 10 (a) vorbesc (b) sînt (c) merg (d) plătesc (e) plec (f) văd (g) vreau (h) am 11 (a) nu stau mult. (b) nu costă 20 de lei. (c)

nu am copii. (d) nu merg cu autobuzul. (e) nu am un telefon. (f) nu pot lua tichete. (g) nu mă numesc Ion. (h) nu pleacă la ora 6.

Unit 7

1 (a) Because it is expensive, it is not in the centre, the lift doesn't work and neither does his shower. (b) Speak to the receptionist to have the lift and shower repaired. (c) Moving to a flat. (d) In the small ads in a newspaper. 2 False a, b, e; True c, d. 3 (a) biletul, (b) sticla, (c) taxiul, (d) cîinele, (e) cofetăriile, (f) cafelele, (g) leii, (h) duşurile, (i) maşinile, (j) domnul. 4 (a) muntele, (b) centrul, (c) cofetăria, (d) englezul, (e) oraşul, (f) autobuzul, (g) apartamentul, (h) strada, (i) hotelul, (j) agenţia. 5 (a) We must find a flat and a car to rent. (b) It's too warm for us to go on foot. (c) They don't want to stay at the hotel any longer and want to find a flat. (d) The lift and shower aren't working and we must speak with the receptionist. (e) Where can I park the car? (f) Does the house have a garage? 6 (a) stea (b) găsească (c) închiriezi (d) ia (e) fie (f) reparaţi (g) mergeţi (h) cumpărăm 7 (a) Have you got time to repair the lift as well? (b) Are you going to continue on foot? (c) He too is coming to the hotel. (d) They still don't speak English well. (e) I can't queue for tickets any longer. (f) Do you also want to look at the small ads? (g) Do you want another cup of coffee? (h) Do you still want to go there? 8 (a) mă, (b) te, (c) ne, (d) vă, (e) se, (f) se, (g) mă. 9 (a) Unde este restaurantul? (b) Unde este magazinul? (c) Unde este berăria? (d) Unde este farmacia? (e) Unde este staţia de metrou?

Unit 8

1 (a) (iii), (b) (ii), (c) (iii), (d) (iii). 2 (a) unui bilet, (b) unui taxi, (c) unei gări, (d) unei plimbări, (e) unei cofetării, (f) unui telefon, (g) unui muzeu, (h) unei maşini, (i) unei cafele, (j) unei scrisori. 3 (a) unor englezi, (b) unei mări, (c) unor săptămîni, (d) unei luni, (e) unui partener, (f) unor prieteni, (g) unei cărţi, (h) unei zile, (i) unei ore, (j) unei studente. 4 (a) He/she has to ask a friend to send some books to England. (b) I don't think I'll be free next week. (c) We'll be able to come with you

to the seaside in August. (d) On Sunday I'll go to an exhibition. (e) Now he/she wants to make a telephone call to a girl friend. (f) In July we'll rent a car and we'll go to the seaside. 5 (a) Ce trebuie să ceară unui prieten? (b) Crezi că o să fii liber săptămîna viitoare? (c) O să puteți veni cu noi la mare în august? (d) Ce o să faci duminică? (e) Ce vrea să facă acum? (f) Ce faceți în iulie? 6 (a) unor, (b) niște, unor, (c) o, unui, (d) o, unui, (e) unei, niște. 7 (a) unui, (b) unor, (c) unei/unor, (d) unei/unor, (e) unor. 8 (a) o să dau, (b) o să faceți, (c) o să se ducă, (d) o să fie, (e) o să stați, o să veniți, (f) o să fiți, (g) o să am, (h) o să luăm.

Unit 9

1 (a) (i), (b) (i), (c) (ii), (d) (i), (ii), (e) (iii). 2 (a) a găsit, (b) a avut, (c) s-a trezit, a stat, (d) a trecut, (e) a uitat. 3 (a) tău, (b) dumneavoastră, (c) nostru, (d) lor, (e) lui, (f) vostru, (g) noștri, (h) tale, (i) ei, (j) lui, (k) ei, (l) lor. 4 (a) Last week I wanted to drop in on you to see if you had found a car to hire. (b) I think I'll have the opportunity to see a good film on the television. (c) Last Monday the lift was out of order. (d) My neighbours on the landing are very pleasant. (e) I woke up fairly late and so had to hurry to avoid being late at the office. 5 (a) s-, (b) s-, (c) te-, (d) ne, (e) vă, (f) te, te, (g) m-. 6 (a) Unde am pus cheile tale? (b) Am descoperit cheile lui George pe măsuță. (c) Am vrut să trec să te văd. (d) Ai putut găsi un apartament de închiriat? (e) La ce oră te-ai trezit azi dimineață? 7 (a) întors, (b) grăbit, trezit, (c) uitat, (d) trimis, (e) dat, (f) scris, (g) spus. 8 (a) prietenei, (b) vecinilor, (c) apartamentului, (d) orașului, (e) lui, (f) studenților, (g) băiatului, (h) casei. 9 (a) (ii) (b) (iii) (c) (i) (d) (vi) (e) (iv) (f) (v).

Unit 10

1 (a) He will be 20 years old. (b) He will invite his friends. (c) His father. (d) His friend. 2 (a) această, (b) acest, (c) aceste, (d) acești, (e) această, (f) acestui, (g) acestor, (h) acestei, (i) acestor. 3 (a) acesta/acela, (b) acestea/acelea, (c) acestea/acelea, (d) acesta/acela, (e) aceasta/aceea, (f) aceștia/aceia, (g) acestea/acelea. 4 (a) acesta, (b) aceasta, (c) aces-

tia, (d) acesteia, (e) acestuia, (f) acestea. 5 (a) s-o, (b) să-l, (c) să-i, (d) să le, (e) să-l. 6 (a) Nu le-am făcut încă. Le vom face mîine. (b) Nu ne-au ajutat încă. Ne vor ajuta mîine. (c) Nu i-a văzut. Îi va vedea mîine. (d) N-am luat-o încă. O voi lua mîine. (e) Nu le-a întrebat încă. Le va întreba mîine. (f) Nu l-am căutat încă. Îl voi căuta mîine. (g) N-am spălat-o încă. O vom spăla mîine. (h) Nu l-au reparat. Îl vor repara mîine. 7 (a) mă, (b) îl, (c) le, (d) te, (e) vă, (f) o, (g) îi, (h) ne, (i) vă. 8 (a) o să mă, (b) o să-l, (c) o să le, (d) o să te, (e) o să vă, (f) o s-o, (g) o să-i, (h) o să ne, (i) o să vă. 9 (a) -l, (b) îi, (c) -o, (d) i-, (e) -l.

Unit 11

1 îți aduceai aminte, nu puteam uita, îl mai țineai minte, îți aminteai, aveam. 2 (a) eram, admiram, (b) credeați (c) aveau, voiau, (d) zîmbea, părea, (e) vedeam, spunea, (f) mergeați, luați, (g) credeam. 3 (a) (ii), (b) (i), (iv), (c) (v), (d) (iii), (e) (vi), (f) (viii), (g) (vii). 4 (a) tot, (b) toți, (c) toate, (d) toată, (e) toată, (f) toate, (g) toți. 5 (a) mi-ai spus, (b) i-am dat, (c) v-ați amintit, (d) v-ați închipuit, (e) mi-am imaginat, (f) ți-ai amintit, ți-am spus, (g) i-am dat. 6 (a) nu-mi spui, (b) îi dau, (c) vă amintiți, (d) vă închipuiți, (e) îmi imaginez, (f) îți amintești, îți spun, (g) îi dau. 7 (a) Nu, îi voi dat telefon mai tîrziu. (b) Nu, le va scrie mai tîrziu. (c) Nu, îmi vei citi articolul mai tîrziu. (d) Nu, ne va trimite cartea mai tîrziu. (e) Nu, îți vom spune mai tîrziu. (f) Nu, le vom oferi florile mai tîrziu. (g) Nu, vă vom arăta mașina mai tîrziu. 8 (a) îi puteam da telefon. (b) le putea scrie. (c) îmi puteai citi. (d) ne putea trimite. (e) îți puteam spune. (f) le puteam oferi. (g) vă puteam arăta. 9 (a) eu îmi imaginam, (b) noi ne închipuiam, (c) Dumneavoastră vă aminteați, (d) ele își închipuiau, (e) tu îți aduceai aminte. 10 (a) îmi place berea, îți place berea, îi place berea, ne place berea, vă place berea, le place berea. (b) nu-mi place aici, nu-ți place aici, nu-i place aici, nu ne place aici, nu vă place aici, nu le place aici. (c) îmi plac dulciurile, îți plac dulciurile, îi plac dulciurile, ne plac dulciurile, vă plac dulciurile, le plac dulciurile. (d) nu-mi plac programele, nu-ți

plac programele, nu-i plac programele, nu ne plac programele, nu vă plac programele, nu le plac programele.

Unit 12

1 (a) (i), (b) (iv), (c) (iii), (d) (ii). 2 (a) Mie mi-a plăcut, dar lui nu i-a plăcut. (b) Nouă ne place, dar ei nu-i place. (c) Lor le place, dar nouă nu ne place. (d) Mie îmi place, dar ei nu-i place. (e) Lui îi plac, dar vouă nu vă plac. (f) Nouă ne place, dar ție nu-ți place. (g) Nouă ne-a plăcut, dar lor nu le-a plăcut. (h) Lui i-a plăcut, dar mie nu mi-a plăcut. (i) Mie îmi place, dar vouă nu vă place. 3 (a) Am vrea să călătorim. (b) Ar putea veni la timp. (c) Ați hoinări toată ziua. (d) Dacă ai avea bani, ai cumpăra această mașină. (e) M-aș duce să văd o expoziție. (f) Asta ar însemna că merge cu noi la mare. (g) Ai mînca numai la restaurant dacă ai avea bani. (h) Dacă n-ar munci, ar trăi pe spatele părinților. 4 (a) ar trebui, (b) și-ar închipui, (c) aș putea, (d) ați vrea, (e) aș da dacă aș ști, (f) ar alege, (g) am dori. 5 (a) Mie mi-e foame. (b) Nouă ne e sete. (c) Ție ți-e frică. (d) Și mie și lui ne e cald. (e) Lor le e indiferent. (f) Vouă vă e frig. (g) Ei i-e somn. (h) Lor le e rău. (i) Mie mi-e dor. 6 (a) We ought to go by car, but we're afraid that we won't arrive on time. (b) It would be a good idea if you could speak to them. (c) What would you say if you saw him? (d) You wouldn't be thirsty if you drank a beer. (e) It would suit us to travel by air. (f) You wouldn't spend the whole summer here. 7 (a) același, (b) aceleași, (c) aceleași, (d) aceeași, (e) aceeași, (f) același, (g) aceiași. 8 (a) Am fost la același hotel de două sau de trei ori. (b) Prietenii noștri călătoresc trei luni pe an. (c) Maria stă toată ziua cu nasul în cărți. (d) Acești copii au tot ce le trebuie. (e) Nu vă place să trăiți pe spatele cuiva. (f) Ion spune că dacă s-ar mai naște odată ar duce aceeași viață. 9 (a) Mi-am găsit cheile pe masă. (b) Nu v-ați luat cărțile. (c) George ar trebui să-și termine cartea. (d) Vreți să vă închiriați apartamentul. (e) Va trebui să-ți trăiești viața. (f) Vor să-și bea vinul.

Unit 13

1 Prietenii noștri și-au cumpărat un apartament nou în care se vor muta luna viitoare. S-ar muta chiar acum, dar liftul nu merge încă iar apartamentul lor este la etajul zece. Credem că vom fi în oraș și-i vom putea ajuta să se mute. 2 Our friends have bought themselves a new flat into which they will move next month. They would move right now, but the lift doesn't work yet and their flat is on the tenth floor. We think that we'll be in town and that we'll be able to help them move. 3 (a) la, (b) într-, în, (c) pe, cu, (d) cu, cu, cu, (e) de la, peste, la. 4 (a) Este copilul meu. (b) Sînt bagajele mele. (c) Sînt colegii mei. (d) Este camera mea. (e) Este mașina mea. (f) Sînt valizele mele. 5 (a) Le-am spus că .. (b) I-ați dat telefon .. (c) I-aș trimite niște cărți .. (d) Le veți putea spune că vă mutați .. (e) Îi scriam o scrisoare .. 6 (a) m-, (b) se, (c) vă, (d) ne, (e) te, (f) se. 7 (a) O cumpărăm. (b) Îl vedem. (c) O să-l ia. (d) Au găsit-o. (e) Am citit-o. (f) Le-am pierdut. 8 (a) am face, (b) v-ați întoarce, (c) s-ar uita, (d) mi-aș închipui, (e) i-ar plăcea, (f) ne-am duce. 9 (a) voi face/ o să fac/ am să fac (b) vă veți întoarce/ o să vă întoarceți/ aveți să vă întoarceți (c) se vor uita/ o să se uite/ au să se uite (d) îmi voi închipui/ o să-mi închipui/ am să-mi închipui (e) îi va plăcea/ o să-i placă/ are să-i placă (f) ne vom duce/ o să ne ducem/ avem să ne ducem. 10 (a) m-am trezit, o să mă trezesc, o să ne sculat, o să ne sculăm, (c) v-ați gîndit, o să vă gîndiți, (d) și-a imaginat, o să-și imagineze, (e) s-a crezut, o să se creadă. 11 (a) Lor le-am dat. (b) Pe voi/pe dumneavoastră v-am invitat la noi. (c) Ție ți-am cumpărat un ceas. (d) Lui/ei i-am cerut biletul meu. (e) Pe noi ne-a văzut la cinema. (f) Mie mi-au vîndut casa. (g) Nu ți-a spus ție?

Unit 14

1 Arătați-mi, vă rog, pașaportul.
Am nevoie de viza de intrare. N-am avut timp s-o iau la Londra.
Aveți ceva de declarat?
N-am nimic de declarat în afară de cîteva cadouri.
Cît timp doriți să stați în România?
Numai cinci zile.
Călătoriți singur sau cu familia?
Sînt cu fiul meu. Acesta este pașaportul lui. Și lui îi trebuie viza de intrare.

2 Please show me (your) passport.
I need an entry visa. I didn't have time to
get it in London.
Do you have anything to declare?
I haven't anything to declare apart from a
few presents.
How long do you want to stay in Romania?
Only five days.
Are you travelling alone or with the
family?
I am with my son. This is his passport. He
too needs an entry visa.

3 (a) (ii), (b) (i), (c) (viii), (d) (x), (e) (v),
(f) (vii), (g) (iv), (h) (ix), (i) (vi), (j) (iii) **4**
(a) A cui este valiza? (b) Cine poate să ne
ajute? (c) Cu cine călătoreşte copilul? (d)
A cui este haina? (e) Al cui este paşapor-
tul? (f) Cine are nevoie de viză de intrare?
(g) Pe cine pot să întreb? **5** (a) Nu este al
meu. (b) Nu sînt a mea. (c) Nu sînt ai ei.
(d) Nu sînt ale mele. (e) Nu este a lui. (f)
Nu sînt ale noastre. (g) Nu este al lor. (h)
Nu sînt ai mei. **6** (a) al, (b) -ai, (c) -al, (d)
a, (e) -ale, (f) ai, (g) a. **7** (a) Who is Mr
Porter's colleague? (b) Which of them are
you going to buy? (c) Which is your plane?
(d) Which customs officer did you give the
form to? (e) Which neighbour do these
dogs belong to? (f) To which lady are you
giving the books? (g) Which of them owns
this passport? **8** (a) căreia, (b) cărui, (c)
pe care, (d) pe care, (e) care, (f) căruia,
(g) al cărui. **9** (a) The lady you telephoned
is a secretary. (b) This is the man whose
suitcase you opened. (c) It is the very
restaurant you are looking for. (d) The
book which I am reading belongs to a
colleague of mine. (e) The newspapers
which are on the table are theirs. (f) This
is the border guard to whom I gave the
passport. (g) It's the hotel whose lift
doesn't work. **10** (a) Este al meu. (b) Sînt
ale mele. (c) Sînt ai mei. (d) Este a mea.
(e) Este a mea. (f) Sînt ale mele.

Unit 15

1 George likes his comfort. He likes to go
to the seaside, sit under an umbrella and
read a book. He would like to get a gentle
tan. **2** (a) The person coming towards us
is Adrian. (b) Maria is the person you
ought to ask about this. (c) You are the
one who likes to sunbathe. (d) Victor and
Maria are the persons I am telephoning.

(e) You ask me where is the umbrella
which George is sitting under? It is the
red one, over there. (f) Good friends are
those who help you in time of need. **3** (a)
Este cea mai bună piesă. (b) Aceştia sînt
cei mai inteligenţi studenţi. (c) Sînt
prietenele mele cele mai bune. (d) Unde
este cel mai bun restaurant? (e) În această
librărie poţi găsi cele mai bune şi mai
interesante cărţi. (f) Radu se bronzează
cel mai repede. (g) La mare ne simţim cel
mai bine. **4** (a) În cel mai bun caz vor găsi
două bilete chiar înainte de spectacol. (b)
În cel mai rău caz ai putea merge cu taxiul.
(c) Care este prietenul lui cel mai bun? (d)
Acesta a fost cel mai greu examen. (e) Ei
cred că aceste oraşe sînt cele mai fru-
moase. **5** (a) (v), (b) (vi), (c) (vii), (d) (iv),
(e) (ii), (f) (iii), (g) (i). **6** (a) a fost chemat,
(b) a fost închiriat, (c) au fost ocupate, (d)
a fost trimis, (e) am fost invitaţi, (f) au fost
citite, (g) a fost scrisă. **7** (a) George is
summoned by the professor. (b) This flat
is rented by Mr Georgescu. (c) The seats
are taken by two ladies. (d) The parcel is
sent by my husband. (e) We are invited to
a party. (f) These books are read by all
my friends. (g) The letter is written by
this secretary. **8** (a) de făcut, (b) de citit,
(c) scris, interzis, (d) scris, oprită, (e) de
închiriat, (f) de ştiut.

Unit 16

2
P: You must go without fail to the
doctor.
G: I don't like going to the doctor.
P: Even if you don't like it, you've got to
see what's wrong with you.
G: But there's nothing wrong with me,
I'm as fit as a fiddle.
P: Have you forgotten that you com-
plained that you felt dizzy?
G: Oh yes! But what if I did?
P: You might have high blood pressure.
G: You Romanians, you're all doctors!
P: I know that I'm pestering you, but
it's better to go to have your blood press-
ure taken, to have some injections done
and ...
G: And after that I'll feel so fit and
rejuvenated that you'll say that I've re-
turned to a second childhood!

3 (a) unora, altora, (b) unii, alţii, (c) unul, altul, (d) uneia, alteia, (e) unele, altele, (f) unuia. 4 (a) (iii), (b) (i), (c) (iv), (d) (ii), (e) (v), (f) (vi). 5 (a) fiecare, (b) fiecare, (c) fiecăruia, (d) amîndoi, (e) amîndouă, (f) amîndoi. 6 (a) spune, (b) dă, (c) citeşte, (d) ia, (e) du-te, (f) uită-te, (g) aminteşte. 7 (a) nu spune, (b) nu da, (c) nu citi, (d) nu lua, (e) nu te duce, (f) nu te uita, (g) nu-i aminti. 8 (a) spuneţi, (b) daţi, (c) citiţi, (d) luaţi, (e) duceţi-vă, (f) uitaţi-vă, (g) amintiţi-i.

Unit 17

2 (a) (i), (b) (iv), (c) (iii), (d) (v), (e) (vi), (f) (ii), (g) (i). 3 (a) How long have you known my son? (b) Did you retire some time ago? (c) How long have you been learning Latin? (d) How many weeks is it since they received a letter? (e) How long is it since you saw him? (f) How long have you been living in Paris? (g) Have you been a smoker for long? 4 Suggested answers: de mult, de puţin timp, de 5 ani, de 3 săptămîni, din 1980 etc. 5 (a) Înainte de a pleca la serviciu am de gînd să dau cîteva telefoane. (b) Radu n-a mai venit pe la noi după ce s-a întors din străinătate. (c) Mai treceţi pe la noi înainte de concediu. (d) Nu ne-am mai văzut de vreo cinci, şase ani, deci de cînd am terminat facultatea. (e) În ultimul timp n-am mai făcut nimic interesant. (f) Mi se face dor de mare ori de cîte ori mă gîndesc la concediu. 6 (a) Ce ai de gînd să faci înainte de a pleca la serviciu? (b) De cînd n-a mai venit Radu pe la dvs.? (c) Cînd să mai trecem pe la voi? (d) De cînd nu v-aţi mai văzut? (e) Ce-aţi mai făcut în ultimul timp? (f) Cînd ţi se face dor de mare? 7 (a) The pupils go to school five days a week. (b) We are leaving for Romania a week today. (c) They go to the mountains three times a year. (d) You must have an injection every two days. (e) It's Radu's birthday in three weeks time. (f) We telephone him/her from time to time. (g) Do you buy the newspaper each day? 8 (a) (i), (b) (iv), (c) (vi), (d) (vii), (e) (v), (f) (ii), (g), (iii). 9 (a) Who have you seen recently? (b) I met one of the men whom you introduced to me last week. (c) Which of them, the professor or the doctor? (d) I haven't had time to see anyone. (e) At one time I used

to meet them all at parties. (f) Now I only meet those who live close to me. 10 (a) primul, (b) primii, (c) prima, (d) primele, (e) primului, (f) primul. 11 (a) They have read interesting books about the two world wars. (b) Many things have happened since the Second World War. (c) This is the tenth book he is writing. (d) The fifth course of treatment was the best. (e) I'm telling you the same thing for the hundredth time.

Unit 18

2 m-am întors, se zvoneşte, se pare, se scumpeşte, te miri, mă mir, se mai spune, se zice, se pare, s-a transmis, s-a scumpit, mă simt, se concentrează, se uită, uitîndu-se, te-ai mai văzut. 3 (a) s-au vîndut, (b) s-a transmis, (c) s-a terminat, (d) s-a trimis, (e) s-a băut, (f) s-au citit. 4 (a) It's said that the price of cheese has gone up. (b) There is said to be a queue for meat. (c) It is rumoured that the price of eggs will fall. (d) It is believed that there will be a hard winter. (e) Summer, it is supposed, will be hot. (f) It is obvious that people are sad. 5 (a) ne întîlnim, ne întîlneam, ne-am întîlnit, (b) se văd, se vedeau, s-au văzut, (c) vă certaţi, vă certaţi, v-aţi certat, (d) se salută, se salutau, s-au salutat, (e) ne felicităm, ne felicitam, ne-am felicitat, (f) se bat, se băteau, s-au bătut. 6 (a) We'll meet/we used to meet/we met on Ana's birthday. (b) They see/used to see/saw each other often when queueing. (c) There's no point/was no point in their arguing. (d) They greet/used to greet/greeted each other coolly. (e) We congratulate/used to congratulate/congratulated each other after each exam. (f) The supporters fight/used to fight/fought at the match. 7 (a) văzînd, (b) fiind, (c) neavînd, (d) venind, (e) deschizînd, (f) scriind. 8 (a) citindu-l, (b) văzîndu-l, (c) scriindu-le, (d) punîndu-o, (e) luîndu-o, (f) dîndu-i. 9 (a) ducîndu-vă, (b) trezindu-se, (c) spălîndu-se, (d) dîndune, (e) imaginîndu-ţi, (f) amintindu-şi. 10 (a) As far as I know they left yesterday for Vienna. (b) the more you know, the more you realize how little you know. (c) It was so cold that they decided not to go to the sea. (d) He was as silly as he was ugly. (e) The programme is so poor that we'll have

to turn off the TV. (f) As far as we're aware the price of petrol has increased.

Unit 19

2 False a,d,e; True b,c. **3** (a) fusese, (b) avuseseră/avuseră, (c) schimbaseră, (d) plecasem, (e) ne treziserăm, (f) crezuserăţi. **4** (a) I knew that he had been on holiday. (b) We were wondering what they had against us. (c) They changed some travellers' cheques. (d) I left without seeing if I had the cheque on me. (e) We woke up to the fact too late in order to find a bank open. (f) You thought that they had left without an umbrella. **5** False (i), (ii), (iv); True (iii), (v), (vi). **6** (a) My flat is above Petre's flat. (b) There is a superb garden around the house. (c) The swimming pool is at the back of the villa. (d) The lift is in front of the flat. (e) Their car is on the left of your car. (f) To the right of the hotel is a bank. **7** (a) lui, (b) ei, (c) lor, (d) noastră, (e) dumneavoastră, (f) ta. **8** (a) să vrea, să fi vrut, (b) să vin, (c) să plecăm, (d) făcînd, (e) întors, (f) dus. **9** (a) George might want/have wanted to change some dollars. (b) I might come with you. (c) We might leave by plane. (d) What can George be doing now? (e) They might have returned from France last week. (f) They might have gone to the doctor yesterday.

Unit 20

1 (a) 18.24.25. (b) 3 times. (c) Rang Directory Enquiries. (d) Because it was not in the telephone directory. (e) Because he says he must become clairvoyant. **2** (a) 3, (b) prima, (c) a treia, (d) Ştefan cel Mare şi Iancului. **3** (a) 0500, (b) 2100, (c) 18, (d) 45 minutes, (e) none. **4** (a) The take-off and landing times. (b) Check these times; (a) Special fares, (b) 12, (c) 90 per cent reduction in the fare, (d) They must not occupy a seat and must be accompanied by an adult. **5** (a) blonzi, (b) mare, (c) interesante, (d) folositoare, (e) englezeşti, (f) veche, nouă. **6** (a) India, (b) înotul, (c) Mexico City, (d) Canary Tower, (e) China. **7** (a) aţi avea, aş putea (b) aş avea, aş trece (c) v-aţi duce, v-ar invita (d) s-ar muta, ar găsi (e) aş fi obligat, aş sta (f) i-aş telefona, aş afla. **8** (a) aţi fi vrut, aş fi putut/ voiaţi, puteam, (b) aş fi avut, aş fi trecut/ aveam, treceam, (c) v-aţi fi dus, v-ar fi invitat/ vă duceaţi, vă invitau, (d) s-ar fi mutat, ar fi găsit/ se mutau, găseau, (e) aş fi fost, aş fi stat/ eram, stăteam, (f) i-aş fi telefonat, aş fi aflat/ îi telefonam, aflam. **9** (a) s-au, (b) m-am, (c) ne-am, (d) v-aţi, (e) te-ai, (f) v-aţi. **10** (a) ne întîlneam, (b) vă salutaţi, (c) îşi imaginau, eraţi, (d) ne dădeam, aveau, (e) îţi aminteai, (f) se vedeau. **11** (a) mi, (b) i, (c) ni, (d) vi, (e) li, (f) li. **12** (a) Nu i-l da! (b) Nu i-o citi! (c) N-o luaţi! (d) Nu-i credeţi! (e) Nu i le transmite! (f) Nu mi-o spune! **13** (a) anunţaţi, (b) obligaţi, (c) invitată, (d) treziţi, (e) schimbate, (f) trimise. **14** (a) One hears that public transport will go up. (b) It was believed that the government would change. (c) It's clear that nothing has changed. (d) It seems that there will be a change in her life. (e) It's rumoured that it will be a splendid show. (f) It's said to be a beautiful painting. **15** (a) ale, (b) a, (c) -al, (d) -a, (e) ai, (f) ale. **16** (a) a cincea, (b) a treia, (c) cel de-al doilea, (d) primul, (e) prima.

——————— VERB TABLES ———————

Note carefully:

(1) The *Infinitives* are listed in alphabetical order, together with their central meanings.

(2) The *Present Indicative* is given in full. Where a single form appears it is either the third person singular (e.g. *plouă*) or the sole form used for each person (e.g. *trebuie*). Where two forms appear, the first is the third person singular and the second is the third person plural.

(3) The second person plural positive and negative forms of the *Imperative* (*Imp.*) are identical with the corresponding present indicative forms (e.g. *spuneți, nu spuneți*). The second person singular negative is identical in form with the infinitive (e.g. *nu spune*), with the same stress pattern but without the infinitive marker *a*. The second person singular positive is in most cases identical with either the second person or the third person singular form of the present indicative. In this list the usual (or more frequently occurring) form of the second person singular positive is given; remember that it is a singular and positive form only. Some verbs have no imperative form.

(4) Except in the case of *a fi*, the forms of the finite verbs in a *să*-clause differ from the present indicative in only one respect: the third person singular and plural employ an identical form which is regularly different from the form(s) used for these persons in the present indicative. Thus the *Subjunctive* (*Subj.*) form given in this list is that used for the third person singular and plural.

(5) The *Past Participle* (*Pp.*) is used in the formation of the Perfect, the Conditional Past, the Subjunctive Past, and the Passive Voice. Many past participles are also used as adjectives.

(6) *Omissions*. You will notice that many verbs (of different roots) follow similar patterns in their conjugations. We have listed the forms in full, however, to facilitate learning. It is a simple matter to conjugate the few verbs we *have* left out, e.g. *a deveni* (conjugated in the same way as *a veni*), *a relua* (as *a lua*), *a inchide* (as *a deschide*), *a aparea* (as *a parea*), and so on. Verbs are only given in their *Reflexive* form if this is the sole form introduced. Note that in many of the uses of the verbs an accusative or dative reflexive pronoun is required.

(7) *Stress* is indicated by italics.

a acoperi: acopăr, acoperi, acoperă, acoperim, acoperiți, acoperă
to cover   *Imp.* acoperă   *Subj.* să acopere   *Pp.* acoperit

a adăuga: adaug, adaugi, adaugă, adăugăm, adăugați, adaugă
to add   *Imp.* adaugă   *Subj.* să adauge   *Pp.* adăugat

a adresa: adresez, adresezi, adresează, adresăm adresați, adresează
to address   *Imp.* adresează   *Subj.* să adreseze   *Pp.* adresat

a aduce: aduc, aduci, aduce, aducem, aduceți, aduc
to bring   *Imp.* adu (adă)   *Subj.* să aducă   *Pp.* adus

a afla: aflu, afli, află, aflăm aflați, află
to hear   *Imp.* află   *Subj.* să afle   *Pp.* aflat

a ajunge: ajung, ajungi, ajunge, ajungem, ajungeți, ajung
to arrive   *Imp.* ajungă   *Subj.* să ajungă   *Pp.* ajuns

a ajuta: ajut, ajuți, ajută, ajutăm, ajutați, ajută
to help   *Imp.* ajută   *Subj.* să ajute   *Pp.* ajutat

a alege: aleg, alegi, alege, alegem, alegeți, aleg
to choose   *Imp.* alege   *Subj.* să aleagă   *Pp.* ales

a amenința: amenint, ameninți, amenință, amenințăm, amenințați, amenință
to threaten   *Imp.* amenință   *Subj.* să amenințe   *Pp.* amenințat

a aminti: amintesc, amintești, amintește, amintim, amintiți, amintesc
to remind   *Imp.* amintește   *Subj.* să amintească   *Pp.* amintit

a anunța: anunț, anunți, anunță, anunțăm, anunțați, anunță
to announce   *Imp.* anunță   *Subj.* să anunțe   *Pp.* anunțat

a aplica: aplic, aplici, aplică, aplicăm, aplicați, aplică
to apply   *Imp.* aplică   *Subj.* să aplice   *Pp.* aplicat

a aprinde: aprind, aprinzi, aprinde, aprindem, aprindeți, aprind
to light   *Imp.* aprinde   *Subj.* să aprindă   *Pp.* aprins

a se apropia: mă apropii /-pii, te apropii, se apropie, ne apropiem, vă apropiați, se apropie
to approach — Imp. apropie-te — Subj. să se apropie — Pp. apropiat

a arăta: arăt, arăți, arată, arătăm, arătați, arată
to show — Imp. arată — Subj. să arate — Pp. arătat

a arunca: arunc, arunci, aruncă, aruncăm, aruncați, aruncă
to throw — Imp. aruncă — Subj. să arunce — Pp. aruncat

a asculta: ascult, asculți, ascultă, ascultăm, ascultați, ascultă
to listen — Imp. ascultă — Subj. să asculte — Pp. ascultat

a ascunde: ascund, ascunzi, ascunde, ascundem, ascundeți, ascund
to hide — Imp. ascunde — Subj. să ascundă — Pp. ascuns

a aștepta: aștept, aștepți, așteaptă, așteptăm, așteptați, așteaptă
to wait — Imp. așteaptă — Subj. să aștepte — Pp. așteptat

a atrage: atrag, atragi, atrage, atragem, atrageți, atrag
to attract — Imp. atrage — Subj. să atragă — Pp. atras

a auzi: aud, auzi, aude, auzim, auziți, aud
to hear — Imp. auzi — Subj. să audă — Pp. auzit

a avea: am, ai, are, avem, aveți, au
to have — Imp. ai — Subj. să aibă — Pp. avut

a bate: bat, bați, bate, batem, bateți, bat
to beat — Imp. bate — Subj. să bată — Pp. bătut

a bea: beau, bei, bea, bem, beți, beau
to drink — Imp. bea /bea/ — Subj. să bea — Pp. băut

a se căsători: mă căsătoresc, te căsătorești, se căsătorește, ne căsătorim, vă căsătoriți, se căsătoresc
to marry — Imp. căsătorește-te — Subj. să se căsătorească — Pp. căsătorit

a căuta: caut, cauți, caută, căutăm, căutați, caută
to look for — Imp. caută — Subj. să caute — Pp. căutat

a cere: cer, ceri, cere, cerem, cereţi, cer
to ask   *Imp.* cere   *Subj.* să ceară   *Pp.* cerut

a cheltui: cheltuiesc, cheltuieşti, cheltuieşte, cheltuim, cheltuiţi, cheltuiesc
to spend   *Imp.* cheltuieşte   *Subj.* să cheltuiuiască   *Pp.* cheltuit

a chema: chem, chemi, cheamă, chemăm, chemaţi, cheamă
to call   *Imp.* cheamă   *Subj.* să cheme   *Pp.* chemat

a circula: circul, circuli, circulă, circulăm, circulaţi, circulă
to circulate   *Imp.* circulă   *subj.* să circule   *Pp.* circulat

a citi: citesc, citeşti, citeşte, citim, citiţi, citesc
to read   *Imp.* citeşte   *Subj.* să citească   *Pp.* citit

a câştiga: câştig, câştigi, câştigă, câştigăm, câştigaţi, câştigă
to win   *Imp.* câştigă   *Subj.* să câştige   *Pp.* câştigat

a se coafa: mă coafez, te coafezi, se coafează, ne coafăm, vă coafaţi, se coafează
to do one's hair   *Imp.* coafează-te   *Subj.* să se coafeze   *Pp.* coafat

a coborî: cobor, cobori, coboară, coborîm, coborîţi, coboară
to get off   *Imp.* coboară   *Subj.* să coboare   *Pp.* coborît

a constata: constat, constaţi, constată, constatăm, constataţi, constată
to find out   *Imp.* constată   *Subj.* să constate   *Pp.* constatat

a construi: construiesc, construieşti, construieşte, construim, construiţi, construiesc
to construct   *Imp.* construieşte   *Subj.* să construiască   *Pp.* construit

a continua: continui, continui, continuă, continuăm, continuaţi, continuă
to continue   *Imp.* continuă   *Subj.* să contînue   *Pp.* continuat

a costa: costă
to cost   *Subj.* să coste   *Pp.* costat

a crede: cred, crezi, crede, credem, credeţi, cred
to believe   *Imp.* crede   *Subj.* să creadă   *Pp.* crezut

a se culca: mă culc, te culci, se culcă, ne culcăm, vă culcați, se culcă
to go to bed
Imp. culcă-te — Subj. să se culce — Pp. culcat

a cumpăra: cumpăr, cumperi, cumpără, cumpărăm, cumpărați, cumpără
to buy
Imp. cumpără — Subj. să cumpere — Pp. cumpărat

a cunoaște: cunosc, cunoști, cunoaște, cunoaștem, cunoașteți, cunosc
to know
Imp. cunoaște — Subj. să cunoască — Pp. cunoscut

a curge: curge, curg
to flow
Subj. să curgă — Pp. curs

a da: dau, dai, dă, dăm dați, dau
to give
Imp. dă — Subj. să dea — Pp. dat

a depinde: depind, depinzi, depinde, depindem, depindeți, depind
to depend
Imp. depinde — Subj. să depindă — Pp. depins

a deschide: deschid, deschizi, deschide, deschidem, deschideți, deschid
to open
Imp. deschide — Subj. să deschidă — Pp. deschis

a despărți: despart, desparți, desparte, despărțim, despărțiți, despart
to separate
Imp. desparte — Subj. să despartă — Pp. despărțit

a dori: doresc, dorești, dorește, dorim, doriți, doresc
to wish
Imp. dorește — Subj. să dorească — Pp. dorit

a dormi: dorm, dormi, doarme, dormim, dormiți, dorm
to sleep
Imp. dormi — Subj. să doarmă — Pp. dormit

a duce: duc, duci, duce, ducem, duceți, duc
to take
Imp. du — Subj. să ducă — Pp. dus

a durea: doare, dor
to hurt
Subj. să doară — Pp. durut

a exista: exist, exiști, există, existăm, existați, există
to exist
Subj. să existe — Pp. existat

a face: fac, faci, face, facem, faceţi, fac
to do
  Imp. fă   *Subj* să facă   *Pp.* făcut

a fi: sînt, eşti, este, sîntem, sînteţi, sînt
to be
  Imp. fii   *Subj.* să fiu, să fii, să fie, să fim, să fiţi, să fie   *Pp.* fost

a folosi: folosesc, foloseşti, foloseşte, folosim, folosiţi, folosesc
to use
  Imp. foloseşte   *Subj.* să folosească   *Pp.* folosit

a forma: formez, formezi, formează, formăm, formaţi, formează
to form
  Imp. formează   *Subj.* să formeze   *Pp.* format

a fuma: fumez, fumezi, fumează, fumăm, fumaţi, fumează
to smoke
  Imp. fumează   *Subj.* să fumeze   *Pp.* fumat

a fura: fur, furi, fură, furăm, furaţi, fură
to steal
  Imp. fură   *Subj.* să fure   *Pp.* furat

a găsi: găsesc, găseşti, găseşte, găsim, găsiţi, găsesc
to find
  Imp. găseşte   *Subj.* să găsească   *Pp.* găsit

a ghici: ghicesc, ghiceşti, ghiceşte, ghicim, ghiciţi, ghicesc
to guess
  Imp. ghici   *Subj.* să ghicească   *Pp.* ghicit

a se gîndi: mă gîndesc, te gîndeşti, se gîndeşte, ne gîndim, vă gîndiţi, se gîndesc
to think
  Imp. gîndeşte-te   *Subj.* să se gîndească   *Pp.* gîndit

a se grăbi: mă grăbesc, te grăbeşti, se grăbeşte, ne grăbim, vă grăbiţi, se grăbesc
to hurry
  Imp. grăbeşte-te   *Subj.* să se grăbească   *Pp.* grăbit

a hotărî: hotărăsc, hotărăşti, hotărăşte, hotărîm, hotărîţi, hotărăsc
to decide
  Imp. hotărăşte   *Subj.* să hotărască   *Pp.* hotărît

a ieşi: ies, ieşi, iese, ieşim, ieşiţi, ies
to go out
  Imp. ieşi   *Subj.* să iasă   *Pp.* ieşit

a impresiona: impresionez, impresionezi, impresionează, impresionăm, impresionați, impresionează
to impress — Imp. impresionează — Subj. să impresioneze — Pp. impresionat

a intra: intru, intri, intră, intrăm, intrați, intră
to enter — Imp. intră — Subj. să intre — Pp. intrat

a invita: invit, inviți, invită, invităm, invitați, invită
to invite — Imp. invită — Subj. să invite — Pp. invitat

a iubi: iubesc, iubești, iubește, iubim, iubiți, iubesc
to love — Imp. iubește — Subj. să iubească — Pp. iubit

a izvorî: izvorăște, izvorăsc
to rise — Subj. să izvorască — Pp. izvorît

a îmbogăți: îmbogățesc, îmbogățești, îmbogățește, îmbogățim, îmbogățiți, îmbogățesc
to enrich — Imp. îmbogățește — Subj. să îmbogățească — Pp. îmbogățit

a se îmbolnăvi: mă îmbolnăvesc, te îmbolnăvești, se îmbolnăvește, ne îmbolnăvim, vă îmbolnăviți, se îmbolnăvesc
to get ill — Imp. îmbolnăvește-te — Subj. să se îmbolnăvească — Pp. îmbolnăvit

a se îmbrăca: mă îmbrac, te îmbraci, se îmbracă, ne îmbrăcăm, vă îmbrăcați, se îmbracă
to dress — Imp. îmbracă-te — Subj. să se îmbrace — Pp. îmbrăcat

a se îmbrățișa: ne îmbrățișăm, vă îmbrățișați, se îmbrățișează
to hug each other — Imp. ne îmbrățișăm, vă îmbrățișați, se îmbrățișează — Subj. să se îmbrățișeze — Pp. îmbrățișat

a înălța: înalt, înalți, înalță, înălțăm, înălțați, înalță
to raise — Imp. înalță — Subj. să înalțe — Pp. înălțat

a încălzi: încălzesc, încălzești, încălzește, încălzim, încălziți, încălzesc
to warm — Imp. încălzește — Subj. să încălzească — Pp. încălzit

a începe: încep, începi, începe, începem, începeți, încep
to begin — Imp. începe — Subj. să înceapă — Pp. început

a încerca: încerc, încerci, încearcă, încercăm, încercați, încearcă
to try — Imp. încearcă — Subj. să încerce — Pp. încercat

a încurca: încurc, încurci, încurcă, încurcăm, încurcați, încurcă
to mix up — *Imp.* încurcă — *Subj.* să încurce — *Pp.* încurcat

a îndrăzni: îndrăznesc, îndrăznești, îndrăznește, îndrăznim, îndrăzniți, îndrăznesc
to dare — *Imp.* îndrăznește — *Subj.* să îndrăznească — *Pp.* îndrăznit

a îngriji: îngrijesc, îngrijești, îngrijește, îngrijim, îngrijiți, îngrijesc
to look after — *Imp.* îngrijește — *Subj.* să îngrijească — *Pp.* îngrijit

a înota: înot, înoți, înoată, înotăm, înotați, înoată
to swim — *Imp.* înoată — *Subj.* să înoate — *Pp.* înotat

a însemna: însemn, însemni, înseamnă, însemnăm, însemnați, înseamnă
to mean — *Imp.* înseamnă — *Subj.* să însemne — *Pp.* însemnat

a înștiința: înștiințez, înștiințezi, înștiințează, înștiințăm, înștiințați, înștiințează
to inform — *Imp.* înștiințează — *Subj.* să înștiințeze — *Pp.* înștiințat

a se întîmpla: se întîmplă
to occur — *Subj.* să se întîmple — *Pp.* întîmplat

a se întîlni: mă întîlnesc, te întîlnești, se întîlnește, ne întîlnim, vă întîlniți, se întîlnesc
to meet — *Imp.* întîlnește-te — *Subj.* să se întîlnească — *Pp.* întîlnit

a întoarce: întorc, întorci, întoarce, întoarcem, întoarceți, întorc
to return — *Imp.* întoarce — *Subj.* să întoarcă — *Pp.* întors

a întreba: întreb, întrebi, întreabă, întrebăm, întrebați, întreabă
to ask — *Imp.* întreabă — *Subj.* să întrebe — *Pp.* întrebat

a înțelege: înțeleg, înțelegi, înțelege, înțelegem, înțelegeți, înțeleg
to understand — *Imp.* înțelege — *Subj.* să înțeleagă — *Pp.* înțeles

a învăța: învăț, înveți, învață, învățăm, învățați, învață
to learn — *Imp.* învață — *Subj.* să învețe — *Pp.* învățat

a învinge: înving, învingi, învinge, învingem, învingeți, înving
to defeat — *Imp.* învinge — *Subj.* să învingă — *Pp.* învins

a juca: joc, joci, joacă, jucăm, jucați, joacă
to play   *Imp.* joacă   *Subj.* să joace   *Pp.* jucat

a lăsa: las, lași, lasă, lăsăm, lăsați, lasă
to leave   *Imp.* lasă   *Subj.* să lase   *Pp.* lăsat

a lipsi: lipsesc, lipsești, lipsește, lipsim, lipsiți, lipsesc
to be missed   *Subj.* să lipsească   *Pp.* lipsit

a locui: locuiesc, locuiești, locuiește, locuim, locuiți, locuiesc
to live   *Imp.* locuiește   *Subj.* să locuiască   *Pp.* locuit

a lua: iau, iei, ia, luăm, luați, iau
to take   *Imp.* ia   *Subj.* să ia   *Pp.* luat

a lucra: lucrez, lucrezi, lucrează, lucrăm, lucrați, lucrează
to work   *Imp.* lucrează   *Subj.* să lucreze   *Pp.* lucrat

a lupta: lupt, lupți, luptă, luptăm, luptați, luptă
to fight   *Imp.* luptă   *Subj.* să lupte   *Pp.* luptat

a mentiona: menționez, menționezi, menționează, menționăm, menționați, menționează
to mention   *Imp.* menționează   *Subj.* să menționeze   *Pp.* menționat

a merge: merg, mergi, merge, mergem, mergeți, merg
to go   *Imp.* mergi   *Subj.* să meargă   *Pp.* mers

a merita: merit, meriți, merită, merităm, meritați, merită
to be worth   *Subj.* să merite   *Pp.* meritat

a mulțumi: mulțumesc, mulțumești, mulțumește, mulțumim, mulțumiți, mulțumesc
to thank   *Imp.* mulțumește   *Subj.* să mulțumească   *Pp.* mulțumit

a muri: mor, mori, moare, murim, muriți, mor
to die   *Imp.* mori   *Subj.* să moară   *Pp.* murit

a ninge: ninge
to snow
Subj. să ningă — *Pp.* nins

a nota: notez, notezi, notează, notăm, notați, notează
to note
Imp. notează — *Subj.* să notez — *Pp.* notat

a numara: număr, numeri, numără, numărăm, numărați, numără
to count
Imp. numără — *Subj.* să numere — *Pp.* numărat

a oferi: ofer, oferi, oferă, oferim, oferiți, oferă
to offer
Imp. oferă — *Subj.* să ofere — *Pp.* oferit

a omite: omit, omiți, omite, omitem, omiteți, omit
to omit
Imp. omite — *Subj.* să omită — *Pp.* omis

a opri: opresc, oprești, oprește, oprim, opriți, opresc
to stop
Imp. oprește — *Subj.* să oprească — *Pp.* oprit

a parca: parchez, parchezi, parchează, parcăm, parcați, parchează
to park
Imp. parchează — *Subj.* să parcheze — *Pp.* parcat

a părea: par, pari, pare, părem, păreți, par
to seem
Imp. pari — *Subj.* să pară — *Pp.* părut

a petrece: petrec, petreci, petrece, petrecem, petreceți, petrec
to spend
Imp. petrece — *Subj.* să petreacă — *Pp.* petrecut

a pierde: pierd, pierzi, pierde, pierdem, pierdeți, pierd
to lose
Imp. pierde — *Subj.* să piardă — *Pp.* pierdut

a plăcea: plac, placi, place, plăcem, plăceți, plac
to like
Subj. să placă — *Pp.* plăcut

a plăti: plătesc, plătești, plătește, plătim, plătiți, plătesc
to pay
Imp. plătește — *Subj.* să plătească — *Pp.* plătit

a pleca: plec, pleci, pleacă, plecăm, plecați, pleacă
to leave
Imp. pleacă — *Subj.* să plece — *Pp.* plecat

a se plimba: mă plimb, te plimbi, se plimbă, ne plimbăm, vă plimbați, se plimbă
to walk   *Imp.* plimbă-te   *Subj.* să se plimbe   *Pp.* plimbat

a ploua: plouă
to rain   *Subj.* să plouă   *Pp.* plouat

a porni: pornesc, pornești, pornește, pornim, porniți, pornesc
to start   *Imp.* pornește   *Subj.* să pornească   *Pp.* pornit

a povesti: povestesc, povestești, povestește, povestim, povestiți, povestesc
to tell   *Imp.* povestește   *Subj.* să povestească   *Pp.* povestit

a prefera: prefer, preferi, preferă, preferăm, preferați, preferă
to prefer   *Imp.* preferă   *Subj.* să prefere   *Pp.* preferat

a pregăti: pregătesc, pregătești, pregătește, pregătim, pregătiți, pregătesc
to prepare   *Imp.* pregătește   *Subj.* să pregătească   *Pp.* pregătit

a primi: primesc, primești, primește, primim, primiți, primesc
to receive   *Imp.* primește   *Subj.* să primească   *Pp.* primit

a privi: privesc, privești, privește, privim, priviți, privesc
to look   *Imp.* privește   *Subj.* să privească   *Pp.* privit

a promite: promit, promiți, promite, promitem, promiteți, promit
to promise   *Imp.* promite   *Subj.* să promită   *Pp.* promis

a pune: pun, pui, pune, punem, puneți, pun
to put   *Imp.* pune   *Subj.* să pună   *Pp.* pus

a putea: pot, poți, poate, putem, puteți, pot
can   *Subj.* să poată   *Pp.* putut

a se rade: mă rad, te razi, se rade, ne radem, vă radeți, se rad
to shave   *Imp.* rade-te   *Subj.* să se radă   *Pp.* ras

a răci: răcesc, răcești, răcește, răcim, răciți, răcesc
to catch cold   *Imp.* răcește   *Subj.* să răcească   *Pp.* răcit

a rămâne: rămân, rămâi, rămâne, rămânem, rămâneți, rămân   *Subj.* să rămână   *Pp.* rămas
to remain   *Imp.* rămâi -

a răsări: răsar, răsari, răsare, răsărim, răsăriți, răsar   *Subj.* să răsară   *Pp.* răsărit
to rise   *Imp.* răsari

a răsfoi: răsfoiesc, răsfoiești, răsfoiește, răsfoim, răsfoiți, răsfoiesc   *Subj.* să răsfoiască   *Pp.* răsfoit
to skim (through)   *Imp.* răsfoiește

a răspunde: răspund, răspunzi, răspunde, răspundem, răspundeți, răspund   *Subj.* să răspundă   *Pp.* răspuns
to answer   *Imp.* răspunde

a repara: repar, repari, repară, reparăm, reparați, repară   *Subj.* să repare   *Pp.* reparat
to repair   *Imp.* repară

a reuși: reușesc, reușești, reușește, reușim, reușiți, reușesc   *Subj.* să reușească   *Pp.* reușit
to succeed   *Imp.* reușește

a rezerva: rezerv, rezervi, rezervă, rezervăm, rezervați, rezervă   *Subj.* să rezerve   *Pp.* rezervat
to reserve   *Imp.* rezervă

a râde: râd, râzi, râde, râdem, râdeți, râd   *Subj.* să râdă   *Pp.* râs
to laugh   *Imp.* râzi

a ruga: rog, rogi, roagă, rugăm, rugați, roagă   *Subj.* să roage   *Pp.* rugat
to ask   *Imp.* roagă

a sări: sar, sari, sare, sărim, săriți, sar   *Subj.* să sară   *Pp.* sărit
to jump   *Imp.* sari

săruta: sărut, săruți, sărută, sărutăm, sărutați, sărută   *Subj.* să sărute   *Pp.* sărutat
to kiss   *Imp.* sărută

a se sătura: mă satur, te saturi, se satură, ne săturăm, vă săturați, se satură   *Subj.* să se satură   *Pp.* săturat
to have enough   *Imp.* satură-te

a schimba: schimb, schimbi, schimbă, schimbăm, schimbați, schimbă
to change — *Imp.* schimbă — *Subj.* să schimbe — *Pp.* schimbat

a scrie: scriu, scrii, scrie, scriem, scrieți, scriu
to write — *Imp.* scrie — *Subj.* să scrie — *Pp.* scris

a se scula: mă scol, te scoli, se scoală, ne sculăm, vă sculați, se scoală
to get up — *Imp.* scoală-te — *Subj.* să se scoale — *Pp.* sculat

a servi: servesc, servești, servește, servim, serviți, servesc
to serve — *Imp.* servește — *Subj.* să servească — *Pp.* servit

a sfîrși: sfîrșesc, sfîrșești, sfîrșește, sfîrșim, sfîrșiți, sfîrșesc
to end — *Imp.* sfîrșește — *Subj.* să sfîrșească — *Pp.* sfîrșit

a se simți: mă simt, te simți, se simte, ne simțim, vă simțiți, se simt
to feel — *Imp.* simte-te — *Subj.* să se simtă — *Pp.* simțit

a sosi: sosesc, sosești, sosește, sosim, sosiți, sosesc
to arrive — *Subj.* să sosească — *Pp.* sosit

a spăla; spăl, speli, spală, spălăm, spălați, spală
to wash — *Imp.* spală — *Subj.* să spele — *Pp.* spălat

a spera: sper, speri, speră, sperăm, sperați, speră
to hope — *Imp.* speră — *Subj.* să spere — *Pp.* sperat

a speria: sperii, sperii, sperie, speriem, speriați, sperie
to frighten — *Imp.* sperie — *Subj.* să sperie — *Pp.* speriat

a spune: spun, spui, spune, spunem, spuneți, spun
to say — *Imp.* spune — *Subj.* să spună — *Pp.* spus

a sta: stau, stai, stă, stăm, stați, stau
to stand — *Imp.* stai — *Subj.* să stea — *Pp.* stat

a stinge: sting, stingi, stinge, stingem, stingeți, sting
to put out
Imp. stinge
Subj. să stingă
Pp. stins

a strica: stric, strici, strică, stricăm, stricați, strică
to break
Imp. strică
Subj. să strice
Pp. stricat

a suna: sun, suni, sună, sunăm, sunați, sună
to ring
Imp. sună
Subj. să sune
Pp. sunat

a ști: știu, știi, știe, știm, știți, știu
to know
Imp. știu
Subj. să știe
Pp. știut

a tăia: tai, tai, taie, tăiem, tăiați, taie
to cut
Imp. taie
Subj. să taie
Pp. tăiat

a telefona: telefonez, telefonezi, telefonează, telefonăm, telefonați, telefonează
to telephone
Imp. telefonează
Subj. să telefoneze
Pp. telefonat

a termina: termin, termini, termină, terminăm, terminați, termină
to end
Imp. termină
Subj. să termine
Pp. terminat

a trăi: trăiesc, trăiești, trăiește, trăim, trăiți, trăiesc
to live
Imp. trăiește
Subj. să trăiască
Pp. trăit

a trebui: trebuie
must
Imp. trebuie
Subj. să trebuiască
Pp. trebuit

a trece: trec, treci, trece, trecem, treceți, trec
to pass
Imp. treci
Subj. să treacă
Pp. trecut

a trezi; trezesc, trezești, trezește, trezim, treziți, trezesc
to wake
Imp. trezește
Subj. să trezească
Pp. trezit

a trimite: trimit, trimiți, trimite, trimitem, trimiteți, trimit
to send
Imp. trimite
Subj. să trimită
Pp. trimis

a se tunde: mă tund, te tunzi, se tunde, ne tundem, vă tundeți, se tund
to have a haircut Imp. tunde-te Subj. să se tundă Pp. tuns

a ține: țin, ții, ține, ținem, țineți, țin
to hold Imp. ține Subj. să țină Pp. ținut

a uita: uit, uiți, uită, uităm, uitați, uită
to forget Imp. uită Subj. să uite Pp. uitat

a se urca: mă urc, te urci, se urcă, ne urcăm, vă urcați, se urcă
to climb up Imp. urcă-te Subj. să se urce Pp. urcat

a usca: usuc, usuci, usucă, uscăm, uscați, usucă
to dry Imp. usucă Subj. să usuce Pp. uscat

a se vărsa: se varsă
to flow Subj. să se verse Pp. vărsat

a vedea: văd, vezi, vede, vedem, vedeți, văd
to see Imp. vezi Subj. să vadă Pp. văzut

a veni: vin, vii, vine, venim, veniți, vin
to come Imp. vino Subj. să vină Pp. venit

a vizita: vizitez, vizitezi vizitează, vizităm, vizitați, vizitați, vizitează
to visit Imp. vizitează Subj. să viziteze Pp. vizitat

a vopsi: vopsesc, vopsești, vopsește, vopsim, vopsiți, vopsesc
to paint Imp. vopsește Subj. să vopsească Pp. vopsit

a vorbi: vorbesc, vorbești, vorbește, vorbim, vorbiți, vorbesc
to speak Imp. vorbește Subj. să vorbească Pp. vorbit

a vota: votez, votezi, votează, votăm, votați, votează
to vote Imp. votează Subj. să voteze Pp. votat

a vrea: vreau, vrei, vrea, vrem, vreți, vor
to want

a zice: zic, zici, zice, zicem, ziceți, zic
to say   *Imp.* zi

Subj. să vrea /vrea/   *Pp.* vrut

Subj. să zică   *Pp.* zis

ROMANIAN–ENGLISH VOCABULARY

This list is largely composed of words introduced in the units; some new items have been added. The genders of nouns are given; the plurals are only indicated in cases where they do not conform to the rules explained in the units; only the masculine forms of adjectives are given. Verbs are presented in their infinitive forms, with the present tense ending in *-ez*, *-esc* where relevant. Those that may be used both reflexively and non-reflexively are given with *se*.

abonament, -e (n) *subscription*
ac, -e (n) *needle*
acelaşi *the same*
acolo *over there*
act, -e (n) *document*
acţionar (m) *shareholder*
acţiune (f) *share*
acum *now*
a acuza *to accuse*
acuzat *accused*
adevăr, -uri *truth*
adresă (f) *address*
aer (n) *air*
aeroport, -uri (n) *airport*
afacere (f) *business*
a afla *to find out*
agenţie (f) *agency*
aici *here*
a ajunge *to reach*
a ajuta *to help*
alb *white*
a alege *to choose*
alimentară (f) *food shop*
amabil *nice*
ambasadă (f) *embassy*
american (m) *American*
a-şi aminti (esc) *to recall*
amîndoi (m) *both*
an (m) *year*
antinevralgic, -e (n) *paracetomol tablet*
anumit *certain*
anunţ, -uri (n) *advertisement*
aparat de fotografiat (n) *camera*
aparat de ras (n) *razor*

apă potabilă (f) *drinking water*
apartament, -e (n) *flat*
apoi *then*
aproape *almost*
a se apropia *to draw near*
apropiat *nearby*
a arăta *to show*
a arde *to burn*
a arunca *to throw*
aseară *last night*
asigurare (f) *insurance*
aspirină (f) *aspirin*
aşa *thus*
a aştepta *to wait for*
atunci *then*
autobuz, -e (n) *bus*
a auzi *to hear*
a avea *to have*
avere (f) *wealth*
avion *airplane*
azi *today*

bacşiş, -uri (n) *tip*
bagaj, -e (n) *baggage*
baie, băi (f) *bath*
balcon, -oane (n) *balcony*
banc, -uri (n) *joke*
bancă, bănci (f) *bank*
bani (m.pl.) *money*
bar, -uri (n) *bar*
a bate *to beat*
băiat, băieţi (m) *boy, son*
a bănui, (esc) *to suspect*
bărbat (m) *man*
bătrîn *old*

băutură (f)   *drink*
benzină (f)   *petrol*
bere (f)   *beer*
bilet, -e (n)   *ticket*
bineînțeles   *naturally*
birou (n)   *office*
biserică (f)   *church*
blond   *fair*
boală, boli (f)   *illness*
bogat   *rich*
bolnav   *sick*
borcan, -e (n)   *jar*
briceag, -uri (n)   *penknife*
brînză, brînzeturi (n)   *cheese*
a se bronza (ez)   *to get a tan*

ca   *than*
cafea (f)   *coffee*
cafenea (f)   *coffee house*
cald   *warm*
cale ferată   *railway*
calitate (f)   *quality*
cam   *rather*
cameră (f)   *room*
cap, capete (n)   *head*
captivant   *exciting*
care   *which, who*
carne (f)   *meat*
carnet, -e (n)   *notebook*
carte, cărți (f)   *book*
cartier, -e (n)   *district*
casă (f)   *house*
cascador (m)   *stuntman*
călător (m)   *traveller*
a călători (esc)   *to travel*
călătorie (f)   *journey*
cămașă, cămăși (f)   *shirt*
cărunt   *grey*
a se căsători (esc)   *to get married*
căsătorit   *married*
a căsca   *to yawn*
a căuta   *to look for*
ceai, -uri (n)   *tea*
ceas, -uri (n)   *watch*
cec, -uri (n)   *cheque*
celebru   *famous*
centru, -e (n)   *centre*
a cere   *to ask for*
cert   *certain*
a certa   *to tell someone off*
a se certa   *to argue*
ceva   *something*
cheie, chei (f)   *key*
chelner (m)   *waiter*

a chema   *to call*
chiar   *even*
chioșc, -uri (n)   *kiosk*
cine   *who?*
cinema(tograf) (n)   *cinema*
cineva   *someone*
a citi (esc)   *to read*
cîine (m)   *dog*
cînd   *when?*
cîrciumă, -i (f)   *pub*
cîrnat (m)   *sausage*
cît   *how much?, how many?*
closet   *toilet*
club, -uri (n)   *club*
coadă, cozi (f)   *queue, tail*
coleg   *colleague*
colț, -uri (n)   *corner*
a comanda   *to order*
comision, -oane (n)   *errand*
comod   *comfortable*
a completa (ez)   *to complete*
concediu (n)   *leave*
a se concentra (ez)   *to concentrate*
confortabil   *comfortable*
conservă, -e (f)   *tin*
a considera   *to consider*
cont, -uri (n)   *account*
a conține   *to contain*
convenabil   *convenient*
a conveni   *to suit*
copil (m)   *child*
cort, -uri (n)   *tent*
a costa   *to cost*
Crăciun   *Christmas*
a crea (ez)   *to create*
a crede   *to believe*
credit, -e (n)   *credit*
cu   *with*
cum   *how?*
a cumpăra   *to buy*
cumva   *somehow*
a cunoaște   *to know*
curat   *clean*
curînd   *soon*
curs, -uri (n)   *course*
cuțit, -e (n)   *knife*

da   *yes*
dacă   *if*
dar   *but*
dată, -e (f)   *date*
de   *of, from*
deasupra   *above*
de ce   *why?*

deci *therefore*
decît *than*
a declara *to declare*
degeaba *in vain*
deja *already*
depinde *it depends*
a depune *to deposit*
a deranja (ez) *to disturb*
des *frequently*
deschis *open*
a descoperi *to discover*
a desena (ez) *to draw*
deseori *often*
despre *concerning*
devreme *early*
a se dezbrăca *to undress*
a dezvolta *to develop*
dialog, -uri (n) *dialogue*
dimineață, -eți (f) *morning*
din nou *again*
direct *direct*
disc, -uri (n) *record*
discret *discreet*
discurs, -uri (n) *speech*
discuție (f) *discussion*
divers *diverse*
doamna *Mrs*
doar *only*
doamnă, -e (f) *lady*
doctor (m) *doctor*
doctorie (f) *medicine*
domnitor (m) *ruler*
domnul *Mr*
a dori (esc) *to wish*
drăguț *nice*
dreapta *right*
drog, -uri (n) *drug*
a duce *to carry*
dulce *sweet*
a dura (ez) *to last*
durere *pain*
duș *shower*

ea *she*
efort, -uri (n) *effort*
el *he*
elegant *elegant*
elev (m) *pupil*
ei *they*
a elibera (ez) *to free, to issue*
emisiune, -i (f) *broadcast*
englez *English(man), British*
episcop (m) *bishop*
eprubetă, -e (f) *test-tube*

erou (m) *hero*
est (n) *east*
etaj, -e (n) *storey*
etichetă, -e (f) *label*
eu *I*
evreu (m) *Jew*
exact *exactly*
examen, -e (n) *examination*
a expedia (ez) *to send*
expoziție (f) *exhibition*

a face *to do*
facultate (f) *college*
familie (f) *family*
fapt, -e (n) *fact*
far, -uri (n) *lighthouse*
farfurie (f) *plate*
farmacie (f) *chemist's*
fată, fete (f) *girl, daughter*
față, fețe (f) *face*
făină (f) *flour*
fără *without*
a felicita *to congratulate*
femeie, femei (f) *woman*
femeie de serviciu *maid*
fereastră, -estre (f) *window*
fericit *happy*
fiică (f) *daughter*
film, -e (n) *film*
film în culori *colour film*
fiu (m) *son*
foame (f) *hunger*
foarfecă (f) *scissor*
foarte *very*
foc, -uri (n) *fire*
a folosi (esc) *to use*
formular, -e (n) *form*
fost *former*
fotoliu (n) *armchair*
frate (m) *brother*
frică (f) *fear*
frig (n) *cold*
frînghie (f) *rope*
frontieră (f) *frontier*
fruct, -e (n) *fruit*
frumos *beautiful*
a fugi *to flee*
fum (n) *smoke*
a fuma (ez) *to smoke*
a fura *to steal*
furculiță (f) *fork*

gară, gări (f) *station*
garaj, -e (n) *garage*
gard, -uri (n) *fence*

gata   *ready*
gaz (n)   *gas*
gazdă (f)   *host*
a găsi (esc)   *to find*
geantă, genţi (f)   *bag*
gem, -uri (n)   *jam*
general   *general*
genunchi (m)   *knee*
ger (n)   *frost*
gheaţă, -uri (f)   *ice, icefloes*
a ghici (esc)   *a guess*
ghid, -uri (n)   *guidebook*
a gîdila   *to tickle*
gînd, -uri (n)   *thought*
gît (n)   *throat, neck*
glas, -uri (n)   *voice*
glumă (f)   *joke*
gogoaşă, gogoşi (f)   *doughnut*
gol   *empty, naked*
grai, -uri (n)   *speech, dialect*
a se grăbi (esc)   *to hurry*
grădină, -i (f)   *garden*
grănicer (m)   *border guard*
greşeală (f)   *error*
greşit   *wrong*
greu   *difficult*
grijă (f)   *care, concern*
gripă (f)   *flu*
gros   *thick*
groaznic   *terrible*
grozav   *terrific*
gură (f)   *mouth*
guturai (n)   *cold in the head*
guvern, -e (n)   *government*

haină (f)   *jacket, coat*
halat, -e (n)   *dressing gown*
hamal (m)   *porter*
hartă, hărţi (f)   *map*
hîrtie (f)   *paper*
a hoinări (esc)   *to wander*
horă (f)   *round dance*
hotel, -uri (n)   *hotel*
hoţ (m)   *thief*
a hrăni (esc)   *to feed*

iad (n)   *hell*
iar   *and, while*
iată   *here is!*
iaurt, -uri (n)   *yoghurt*
ideal, -uri (n)   *ideal*
idee, idei (f)   *idea*
ieftin   *cheap*
a ierta   *to forgive*
a ieşi   *to exit*

a-şi imagina (ez)   *to imagine*
imperiu (n)   *empire*
impertinent   *impertinent*
important   *important*
impozit, -e (n)   *tax*
incomod   *inconvenient*
indiscret   *indiscreet*
indispus   *upset, off-colour*
inel, -e (n)   *ring*
informaţii (f.pl)   *information*
inginerie (f)   *engineering*
inimă (f)   *heart*
injecţie (f)   *injection*
instalator (m)   *plumber*
insulă, -e (f)   *island*
inteligent   *intelligent*
interes, -e (n)   *interest*
a interzice   *to forbid*
a intra   *to enter*
a introduce   *to introduce*
a inunda   *to flood*
invadator (m)   *invader*
a invita   *to invite*
a iubi (esc)   *to love*
a izbucni (esc)   *to break out*
izvor, -oare (n)   *spring, source*

a îmbătrîni (esc)   *to grow old*
a se îmbrăca   *to get dressed*
a împăca   *to reconcile*
împărat (m)   *emperor*
a impiedica   *to hinder*
a împlini (esc)   *to accomplish*
împreună   *together*
în   *in*
în jur   *around*
înainte de   *before*
a încasa (ez)   *to cash*
a încerca   *to try*
încet   *slowly, softly (of sound)*
a închiria (ez)   *to hire*
închis   *closed*
închisoare, -ori (f)   *prison*
a încurca   *to confuse*
îndeosebi   *especially*
a înghiţi   *to swallow*
îngrijorat   *worried*
îngust   *narrow*
a înlocui (esc)   *to replace*
a înmulţi (esc)   *to multiply*
a înota   *to swim*
a însemna   *to mean*
a însoţi (esc)   *to accompany*
a se întinde   *to extend*

a întîlni (esc)   to meet
a se întîmpla   to happen
a întîrzia   to be late
a se întoarce   to return
întotdeauna   always
într-adevăr   indeed
între   between
a întreba   to ask
a înțelege   to understand
învățător (m)   primary school teacher

a jigni (esc)   to hurt, to offend
joc, -uri (n)   game
jos   down
pe jos   on foot
jumătate, -ăți (f)   half

kilogram, -e (n)   kilogramme
kilometru (m)   kilometre

lacrimă, -i (f)   tear
lamă (f)   blade
lanț, -uri (n)   chain
larg   wide
a lăsa   to leave
a lăuda   to praise
a lega   to tie
lege (f)   law
legume (f.pl)   vegetables
leu (m)   lion, penny
leucoplast (n)   surgical plaster
liber   free
librărie (f)   bookshop
liceu (n)   secondary school
licitație (f)   auction
lift, -uri (n)   lift
limbă, -i (f)   language, tongue
limonadă (f)   lemonade
lingură, -i (f)   spoon
linguriță (f)   teaspoon
liră (f)   pound
litru (m)   litre
lîngă   beside, near
loc, -uri (n)   place
locuitor (m)   inhabitant
a lua   to take
a lucra (ez)   to work
lucru, -uri (n)   thing
lume (f)   world, people
lumină, -i (f)   light
lung   long
a se lupta   to fight

magazin, -e (n)   shop
mai (mult)   more
mal, -uri (n)   bank, shore

mare   big, large
mare, mări (f)   sea
Marea Britanie   Great Britain
marfă, mărfuri (f)   goods
margine (f)   edge
masă, mese (f)   table
mașină -i (f)   car, engine
măr, mere (n)   apple
măslină (f)   olive
măsură, -i (f)   size
mătușă (f)   aunt
meci, -uri (n)   match
medic (m)   doctor
mereu   continually
a merge   to go
a merita   to deserve
mesaj, -e (n)   message
metrou (n)   underground, metro
metru (m)   metre
mic   small
miere (f)   honey
mijloc (n)   middle
milion, -oane (n)   million
minciună, -i (f)   lie
minte (f)   mind
minut, -e (n)   minute
a se mira   to be surprised
mîine   tomorrow
a mînca   to eat
mîncare, -ăruri (f)   food
moarte (f)   death
mult   much
a mulțumi (esc)   to thank
a munci (esc)   to work
munte (m)   mountain
murdar   dity
a se muta   to move
muzeu (n)   museum

naiv   naive
nas, -uri (n)   nose
a se naște   to be born
națiune (f)   nation
neam, -uri (n)   people, race
neamț, nemți (m)   German
neapărat   without fail
nebun   mad
necaz   trouble
a necăji (esc)   to upset
nedreptate, -ăți (f)   injustice
negru   black
nenorocire (f)   misfortune
nepoată (f)   niece, granddaughter
nepot (m)   nephew, grandson

nerăbdare (f)   *impatience*
nevastă, neveste (f)   *wife*
nevoie (f)   *need*
nici   *nor*
niciodată   *never*
nimic   *nothing*
nivel, -e (n)   *level*
noapte, nopți (f)   *night*
nord   *north*
a nota (ez)   *to note*
nou   *new*
nu   *no*
numai   *only*
număr, ere (n)   *number*
număr de telefon   *telephone number*
nume (n)   *name*

oaie, oi (f)   *sheep*
oarecum   *to a certain extent*
oaspete (m)   *guest*
obișnuit   *usual*
a obliga   *to compel*
a observa   *to observe*
ochi, ochi (m)   *eye*
a se ocupa   *to deal with*
ocupat   *busy*
odaie, odăi (f)   *room*
a se odihni (esc)   *to rest*
odată   *once*
a oferi   *to offer*
oficiu poștal (n)   *post office*
oglindă, oglinzi (f)   *mirror*
om, oameni (m)   *person*
a omorî   *to kill*
a opri (esc)   *to stop*
orar, -e (n)   *timetable*
oraș, -e (n)   *town*
oră (f)   *hour*
orb   *blind*
ordine (f)   *order*
a ordona   *to give an order to*
orez (n)   *rice*
orfelinat, -e (n)   *orphanage*
oricine   *anyone*
oricînd   *anytime*
os, oase (n)   *bone*
oțet (n)   *vinegar*
ou, ouă (n)   *egg*

pachet, -e (n)   *packet*
pàhar, -e (n)   *glass*
pantof (m)   *shoe*
papă, -i (m)   *pope*
parc, -uri (n)   *park*
parcă   *probably*

pardon   *excuse me*
a paria (ez)   *to bet*
pariu, -uri (n)   *bet*
partener (m)   *partner*
parter, -e (n)   *ground floor*
pașaport, -oarte (n)   *passport*
Paște (m)   *Easter*
pat, -uri (n)   *bed*
păcat   *(it's a) pity*
păi   *well!*
pămînt, -uri (n)   *land*
păr (m)   *hair*
a părea   *to seem*
părinte (m)   *parent*
a păzi (esc)   *to guard*
pe   *on*
penicilină (f)   *penicillin*
pensie (f)   *pension*
pentru   *for*
pericol, -e (n)   *danger*
perioadă (f)   *period*
permis, -e (n)   *permit*
permis de conducere   *driving licence*
peste   *over, beyond*
pește (m)   *fish*
a petrece   *to spend time*
petrecere (f)   *party*
piață, piețe (f)   *market, square*
a picta (ez)   *to paint*
piept, -uri (n)   *breast, chest*
a pierde   *to lose*
piesă (f)   *play, piece*
piscină (f)   *swimming pool*
pistruiat   *freckled*
pîine (f)   *bread*
pînă   *until, up to*
plajă (f)   *beach*
plată, plăți (f)   *payment*
a plăcea   *to please*
plămîn (m)   *lung*
a pleca   *to leave*
a plictisi (esc)   *to bore*
plimbare (f)   *trip, walk*
plin   *full*
a se plînge   *to complain*
poate   *perhaps*
politicos   *polite*
popor, -oare (n)   *people*
portar (m)   *doorman*
poștă (f)   *post, mail*
poveste (f)   *story*
prăjitură, -i (f)   *tea cake*
prea   *too*

a presupune   to suppose
prieten (m)   friend
prin   through
a privi (esc)   to look at
prînz (n)   lunch
probabil   probably
probă (f)   test
profesie (f)   profession
profesor (m)   professor
program, -e (n)   programme
a provoca   to provoke
pungă, -i (f)   plastic bag
a purta   to carry
puşti (m)   young lad
a putea   to be able
puţin   (a) little

radio, -uri (n)   radio
răbdare (f)   patience
răceală (f)   cold
răcoare (f)   coolness
a rămîne   to remain
răsărit (n)   East
răsfăţat   spoiled
rău   bad
război, -oaie (n)   war
recepţionist (m)   receptionist
a reclama   to complain about
rege (m)   king
relaţie (f)   relation
a repara   to repair
repede   quickly
a respira   to breathe
rest, -uri (n)   change (money)
restaurant, -e (n)   restaurant
a retrage   to withdraw
reţetă (f)   recipe
a rezerva   to reserve
rezervor, -oare (n)   rezervoir
a rezolva   to solve
a ridica   to raise
rinichi (m)   kidney
rîs, -ete (n)   laughter
rîu, -uri (n)   river
robinet, -e (n)   tap
rochie (f)   dress
român (m)   Romanian man
românesc   Romanian
rost, -uri (n)   meaning, purpose
roşie (f)   tomato
roşu   red
rudă (f)   relation
rugăciune (f)   prayer
rugină (f)   rust
rus (m)   Russian man

ruşine (f)   shame
sacrificiu (n)   sacrifice
sare, săruri (f)   salt
sat, -e (n)   village
sau   or
sănătate (f)   health
sănătos   healthy
săptămînă, -i (f)   week
săpun, -uri (n)   soap
sărac   poor
scamator (m)   conjurer
a schimba   to change
a scoate   to pull out
a scrie   to write
scrisoare, -ori (f)   letter
scrumieră, -e (f)   ashtray
scump   expensive, dear
a se scuza   to excuse oneself
seară, seri (f)   evening
sec   dry
secol, -e (n)   century
secret, -e (n)   secret
semafor, -oare (n)   traffic light
seringă, -i (f)   syringe
a servi (esc)   to serve
serviciu (n)   job
sesiune (f)   session
sete (f)   thirst
sfat (n)   advice
a sfătui (esc)   to advise
sfert, -uri (n)   quarter
sfînt   holy
sfîrşit, -uri (n)   end
sifon (n)   soda water, soda syphon
sigur   certain
simpatic   nice
simplu   simple
singur   alone
sirop   cordial (drink)
sistem, -e (n)   system
slab   weak
slăbiciune (f)   weakness
soare (m)   sun
somn (n)   sleep
soră, surori (f)   sister
sosire (f)   arrival
soţ (m)   husband
soţie (f)   wife
spate (n)   back
a spăla   to wash
spectacol, -e (n)   show
a spera   to hope
a se speria   to be frightened
spital, -e (n)   hospital

spre *towards*
a spune *to say*
a sta *to stand, to sit*
stagiune (f) *theatre season*
Statele Unite (n) *United States*
stație de benzină (f) *petrol station*
stînga *left*
stradă, străzi (f) *street*
străinătate (f) *abroad*
a se strica *to be damaged*
stricat *damaged*
a striga *to shout*
student (m) *student*
studentă (f) *girl student*
sub *under*
subțire *thin*
suc, -uri (n) *(fruit) juice*
suficient *sufficient*
suflet, -e (n) *soul*
a suna *to ring*
surpriză (f) *surprise*
sus *above*

șampon (n) *shampoo*
șanț, -uri (n) *ditch*
șarpe (m) *snake*
șaten *brown*
școală, școli (f) *school*
șervețel, -e (n) *napkin*
șezlong, -uri (n) *deckchair*
și *and*
șosea, ele (f) *highway*
ștecăr, -e (n) *(electric) plug*
a ști *to know*
știință (f) *knowledge*
știre (f) *item of news*
șuncă, -i (f) *ham*

tablou, -uri (n) *painting*
tacîm, -uri (n) *place setting (at table)*
tare *strong*
tată, tați (m) *father*
taxi, -uri (n) *taxi*
teamă (f) *fear*
teatru, -e (n) *theatre*
teleferic, -e (n) *cable railway*
telefon, -oane (n) *telephone*
a telefona (ez) *to telephone*
telegramă (f) *telegramme*
televizor, -oare (n) *television*
tensiune (f) *tension, blood pressure*
teren, -uri (n) *land*
a termina *to finish*
tichet, -e (n) *ticket*
timbru, -e (n) *stamp*

timp, -uri (n) *time*
tip (m) *guy*
tirbușon, -oane (n) *corkscrew*
tînăr *young*
tîrziu *late*
a toci (esc) *to grind, to work hard*
tocmai *exactly*
tot(ul) *all*
a transmite *to transmit*
tratament, -e (n) *treatment*
a trăi (esc) *to live*
treabă, -uri (f) *business, task*
treaptă, trepte (f) *step*
a trebui *to be necessary*
trecător (m) *passer-by*
a trece *to pass*
trecut (n) *past*
tren, -uri (n) *train*
a trezi (esc) *to wake up*
a trimite *to send*
tuns (n) *haircut*
turc (m) *Turk*
tusă (f) *cough*
a tuși (esc) *to cough*
tutungerie (f) *tobacconist's*

țară, țări (f) *country*
țeapă, țepi (f) *stake*
țel, -uri (n) *aim, intention*
țigară *cigarette*

a uita *to forget*
a se uita la *to look at*
uite! *look!*
ulei, -uri (n) *oil*
umbrelă (f) *umbrella*
a umple *to fill*
unchi (m) *uncle*
un, o *a*
unde? *where?*
ungur (m) *Hungarian*
unire (f) *union*
a urca *to climb*
a urma (ez) *to follow*
urmaș (m) *follower*
următor *following*
uscat *dry*
ușă, -i (f) *door*
ușor *easy*

vacanță (f) *holiday*
vaccin, -e (n) *vaccination*
vagon de dormit (n) *sleeping car*
valabil *valid*
valiză (f) *suitcase*

valută (f) *hard currency*
vamă (f) *customs*
vameş (m) *customs officer*
văr, veri (m) *cousin*
vechi *old*
vecin (m) *neighbour*
a vedea *to see*
verde *green*
a verifica *to check*
verişoară (f) *female cousin*
viaţă, vieţi (f) *life*
viitor (n) *future*
vin, -uri (n) *wine*
vis, -e/-uri (n) *dream*
a visa (ez) *to dream*
vitamină (f) *vitamin*
viză (f) *visa*

vînt, -uri (n) *wind*
voce (f) *voice*
voiaj *journey*
a vorbi (esc) *to speak*
a vrea *to want*
vreme (f) *time, weather*
vreun, vreo *a, any*

WC (n) *toilet*

zău *really!*
zi, zile (f) *day*
ziar, -e (n) *newspaper*
ziarist (m) *journalist*
a zidi (esc) *to build*
a zîmbi (esc) *to smile*
zvon, -uri (n) *rumour*
a zvoni (esc) *to rumour*

ENGLISH–ROMANIAN VOCABULARY

Note that the meanings of Romanian items under the same entry are not distinguished. Priority has been given to those words used in the dialogues, but additional words in frequent use have also been added to increase your scope for conversation.

The word lists in each unit specify the nature of each noun, i.e. whether it is masculine, feminine or neuter. In this list you should remember the following points:

1 Unless otherwise stated, all nouns ending in -ă, -a and -ie are feminine;
2 All other nouns are neuter, unless otherwise indicated;
3 Some feminine plural endings are given in round brackets, i.e. **barcă (bărci)**.

a, an un, o, vreun, vreo
to be able a putea
about despre, cam
above deasupra
abroad în străinătate
to accept a primi
accident accident
accustomed (to) obișnuit (cu, să)
ache durere
across peste
actually de fapt
address adresă
advice sfat
airplane avion
after după (ce)
after that după aceea
afternoon după-amiază
again din nou
ago acum
agreed s-a făcut, de acord
air aer
airport aeroport
all tot(ul), toți
all right bine
almost aproape
alone singur
already deja

also și, mai, de asemenea
although deși
American american (m)
and și
and so on și așa mai departe
annoyed supărat
to answer a răspunde
anyhow în orice caz
apartment apartament
apartment block bloc
to apologise a-și cere scuze
appetite poftă
apple măr (m)
arm braț
to arrive a sosi
as ca, deoarece
to ask a cere
to ask a question a pune o întrebare
ashtray scrumieră
aspirin aspirină
assistance ajutor
at la
at home acasă
at last în sfîrșit
Australian australian (m)

baby copil (m)

back spate
bad rău, prost
bag geantă
ball minge
bandage pansament
bank bancă (bănci)
banknote bancnotă
bar bar
barber frizer (m)
bathing costume costum de baie
bathroom baie
battle luptă
to be a fi
beach plajă (plăji)
to beat a bate
beautiful frumos
because fiindcă
to become a deveni
bed pat
to go to bed a se culca
bedroom dormitor
beef carne de vacă
beer bere
before înainte (de)
to begin a începe
to believe a crede
below jos
bench bancă (bănci)
better mai bun, mai bine
between între
big mare
bill notă de plată
bird pasăre (păsări) (f)
black negru
blade lamă
blouse bluză
to blow a bate, a sufla
blue albastru
boat vas, barcă (bărci)
book carte
to book a reține
bookshop librărie
both amîndoi
bottle sticlă
box ladă (lăzi)
boy băiat (băieți) (m)
bread pîine
to break a strica
breast sîn (m)
bridge pod
to bring a aduce
British englez, britanic
brother frate (m)
brush perie

building clădire
bus autobuz
bus-stop stație de autobuz
busy ocupat
but dar
butter unt
to buy a cumpăra

cafe cofetărie
cake prăjitură, tort
to call a chema
to call on a vizita
can a putea
camera aparat de fotografiat
can (tin) conservă
car mașină
care grijă
to take care of a îngriji
careful atent
to carry a duce
case caz
to cash a încasa
cash-desk casă
cat pisică
cause cauză
centre centru
century secol
certain sigur
chair scaun
chance șansă
by chance din întîmplare
to change a schimba
cheap ieftin
cheers! noroc!
chemist's farmacie
child copil (m)
chips cartofi prăjiți
chocolate ciocolată
to choose a alege
Christmas Crăciun
church biserică
cigarette țigară
cinema cinema (n)
circle cerc
city oraș
class clasă
client client (m)
to climb a urca
clean curat
clinic policlinică
clock ceas
to close a închide
close to lîngă
clothes haine

coast coastă
coat pardesiu, palton
coffee cafea
cold frig, rece
to catch a cold a răci
colour culoare
colour film film în culori
to come a veni
concerning apropo de
conversation conversație
to cook a găti
copy exemplar
corner colț
around the corner după colț
to cost a costa
cotton-wool bumbac
country țară
course curs
covered acoperit
cow vacă
crowd mulțime
cup ceașcă (cești)
custom obicei
customs vamă
to cut a tăia

daily zilnic
danger pericol
date dată
daughter fată, fiică
day zi
dear drag, scump
to decide a hotărî
deep adînc
to defeat a învinge
dentist dentist (m)
department store magazin universal
departure plecare (plecări)
to deserve a merita
desk birou
dictionary dicționar
to die a muri
different deosebit
difficult greu
dining-room sufragerie
direct direct
dirty murdar
distance distanță
district regiune
to do a face
doctor doctor (m)
dog cîine
dollar dolar (m)
door ușă

to draw a desena
dress rochie
drink băutură
to drink a bea
drinking water apă potabilă
to drive a conduce
driving licence permis de conducere
dry uscat
to dye a vopsi

each fiecare
ear ureche
early devreme
to earn a cîștiga
earth pămînt
easily ușor
east răsărit, est
Easter Paște (m)
easy ușor
to eat a mînca
egg ou
embassy ambasadă
empty gol
encouragement încurajare
end sfîrșit
in the end în cele din urmă
English englez
English language limba engleză
to enjoy oneself a petrece bine
enormous enorm
enough destul (de)
to enter a intra
envelope plic
error greșeală
especially mai ales
even chiar
evening seară
every fiecare
exactly exact
for example de exemplu
exept for în afară de
excuse scuză
expensive scump
expression expresie
eye ochi (m)

face față
fact fapt
in fact de fapt
to fall a cădea
family familie
famous celebru
far departe
as far as pînă la
fast repede

fat gras
father tată (m)
fax telefax
to feel a se simți
to feel like a avea chef să
few puțini
film film
to find a găsi
to finish a termina
firerrr foooc
first mai întîi
the first primul
fish pește
flat apartament
floor etaj
flower floare
to follow a urma, a urmări
food mîncare
food-shop alimentară
fool(ish) prost
foot picior (picioare)
football fotbal
for pentru
foreigner străin
to forget a uita
free liber
French francez
fresh proaspăt
friend prieten (m)
to frighten a speria
front față
in front în față
frost ger
full plin
in the future pe viitor

game joc
garden grădină
gate poartă
general general
German neamț (m)
to get a lua
to get in a se urca în
to get off a coborî
to get up a se scula
gift cadou
girl fată
to give a da
glad bucuros
glass (drinking) pahar
glasses ochelari
to go a merge, a se duce
to go in a intra
to go out a ieși

God Dumnezeu
gold aur
good bun, bine
good at tare la
good evening bună seara
good morning bună dimineața
good night noapte bună
goodwill bunăvoință
goodbye la revedere
granddaughter nepoată
grandparent bunic (m)
grandson nepot (m)
grass iarbă
great mare
green verde
grey gri
grilled la grătar
grocer's alimentară
ground pămînt
to guess a ghici
guest oaspete (m)
guide, guide-book ghid

habit obicei
hair păr
haircut tuns
to have a haircut a se tunde
hairdresser's (ladies) salon de coafură
hairdresser's (men's) frizer
half jumătate
hall(way) hol
hand mînă (mîini)
handbag poșetă
to happen a se întîmpla
happy fericit
happy birthday, New Year la mulți ani!
hard greu
hardly abia
hat pălărie
to have a avea
head cap
headache durere de cap
health sănătate
to hear a auzi
to hear about a afla
heart inimă
by heart pe dinafară
heat căldură
heaven cer
heavy greu
help ajutor
here aici
here is iată
to hide a ascunde

high înalt
high up sus
hill deal
to hire a închiria
history istorie
to hold a ţine
holiday vacanţă
home acasă
to hope a spera
horse cal (m)
hospital spital
hot cald
hotel hotel
hour oră
house casă
how cum
hundred sută
to hurry a se grăbi
husband soţ (m)

I eu
ice gheaţă
ice-cream îngheţată
idea idee
if dacă
ill bolnav
immediately imediat
impatience nerăbdare
important important
impression impresie
in în
in order to ca să
incidentally apropo
indeed chiar
information informaţie
inside înăuntru
instead of în loc de
insurance asigurare
invitation invitaţie
to invite a invita
iron fier
item articol

jam gem
jar borcan
to join a adera la, a uni
joke glumă, banc
journal revistă
journey călătorie
jug cană
juice suc
to jump a sări
just chiar, tocmai

to keep a ţine

key cheie, (chei)
kidney rinichi (m)
kilogram kilogram
kilometre kilometru
kind bun, amabil
king rege (m)
to kiss a săruta
kit echipament
kitchen bucătărie
knife cuţit
to knock a bate
to know a şti
to get to know a se învăţa cu
to know (person) a cunoaşte
knowledge ştiinţă

ladies femei, doamne
lake lac
lamp lampă
land ţară
language limbă
large mare
late tîrziu
to laugh a rîde
lavatory closet, WC
law lege
to learn a învăţa
at least cel puţin
leave concediu
to leave a pleca
to leave behind a uita
left stîng
leg picior
lemon lămîie
lemonade limonadă
less mai puţin
to let a lăsa
letter scrisoare
library bibliotecă
life viaţă
lift lift
light lumină
to light a aprinde
lighter brichetă
light bulb bec
light weight uşor
to like a plăcea
like this în felul acesta
lion leu (m)
list listă
to listen to a asculta
little amount puţin
little size mic
litre litru (m)

to live   a locui, a trăi
London   Londra
long   lung
to look (at)   a se uita (la
to look for   a căuta
to lose   a pierde
love   dragoste
to love   a iubi
luck   noroc
luggage   bagaj
lunch   prînz

machine   maşină
to be made   a se face
made of   făcut din
magazine   revistă
maid   femeie de serviciu
mail   poştă
to make   a face
man   bărbat (m)
many   mulţi
map   hartă (hărţi)
mark   notă
market   piaţă
to get married   a se căsători
match   chibrit
matter   chestiune
it doesn't matter   nu face nimic
what's the matter?   ce este?
maybe   poate
meal   masă
to mean   a însemna
meanwhile   între timp
meat   carne (cărnuri)
medicine   doctorie
to meet   a se întîlni
to mend   a repara
menu   listă de bucate
method   metodă
middle   mijloc
milk   lapte (m)
mineral water   apă minerală
minute   minut
to miss the train   a pierde trenul
mistake   greşeală
to mix up   a se încurca
modern   modern
moment   moment
money   bani
month   lună
moon   lună
more   mai mult
morning   dimineaţă

mother   mamă
mountain   munte (m)
mouth   gură
Mr   domnul
Mrs   doamna
much   mult
museum   muzeu
music   muzică
must   a trebui să
mustard   muştar

name   nume (n)
namely   anume
nasty   neplăcut
national   naţional
near to   lîngă
nearby   aproape
nearly   aproape
neck   gît
need   nevoie
to need   a avea nevoie de
needle   ac
neighbour   vecin (m)
nephew   nepot
never   niciodată
new   nou
newspaper   ziar
next   viitor
nice   drăguţ
niece   nepoată
night   noapte
last night   aseară
night club   bar de noapte
nil   zero
no   nu
no one   nimeni
north   nord
nose   nas
not   nu
note   notă, bancnotă
note-book   carnet
nothing   nimic
to notify   a anunţa
novel   roman
now   acum
number   număr

to obey   a asculta
object   obiect
occasion   ocazie
occupied   ocupat
to occur   a se întîmpla
odd   curios

of de
of course bineînțeles
office birou
often adesea
oh vai
oil ulei
old (people) bătrîn
old (objects) vechi
old man bătrîn
old woman bătrînă
olive măslină
olive oil ulei de măsline
on pe
once odată
one unul, una
only numai
to open a deschide
open deschis
or sau
to order a comanda
in order to ca să
ordinary obișnuit
other alt
outside afară
out of order stricat
over there acolo
to owe a datora
to own a poseda

to pack a face bagajele
packet pachet
pain durere
to paint a vopsi
painting tablou
paper hîrtie
pardon? poftim?
park parc
to park a parca
parking-place loc de parcare
part parte (părți)
to pass a trece
passport pașaport
past trecut
payment plată (plăți)
peak vîrf
pen stilou
pencil creion
penknife briceag
people oameni
pepper piper
perfect perfect
perhaps poate
periodical revistă
permission voie

person persoană
petrol benzină
petrol station stație de benzină
photograph fotografie
piece bucată
pig porc (m)
pill pilulă
it's a pity păcat
place loc
plain simplu
plan plan
plane avion
platform peron
(adhesive) plaster leucoplast
play piesă
to play a se juca
pleasure plăcere
plug (electric) ștecăr
plum prună
pocket buzunar
police poliție
poor sărac
port port
porter hamal (m)
possible posibil
to post a expedia prin poștă
post office oficiu poștal
postage stamp timbru
pound liră sterlină
powder pudră
to prefer a prefera
present cadou
price preț
priest preot (m)
programme program
to promise a promite
to pull a trage
to push a împinge
to put a pune

quantity cantitate
quarter sfert
question întrebare
queue coadă
quick repede
quiet liniștit
quite destul de

radio radio
railway cale ferată
to rain a ploua
rain ploaie (ploi)
raincoat haină de ploaie

rarely rar
rather mai bine
razor aparat de ras
to reach a ajunge la
to read a citi
ready gata
to receive a primi
recently de curînd
record disc
red roşu
to reduce a reduce
regarding privitor la
region regiune
to rent a închiria
to repair a repara
to reply a răspunde
to request a cere
to reserve a rezerva
restaurant restaurant
rest pauză
result rezultat
to retain a reţine
to return a se întoarce
rice orez
rich bogat
right dreapta
to be right a avea dreptate
ring inel
to ring a suna
river rîu
road drum
roll chiflă
Romanian român, românesc
room cameră
rope frînghie

sad trist
salad salată
salt sare
the same as la fel ca
sand nisip
sandwich sandviş
sausage cîrnat (m)
to say a spune
scenery peisaj
school şcoală
scissors foarfecă
sea mare
seat loc
to see a vedea
to seek a căuta
seldom rar
self-service autoservire
to send a trimite

serious serios
shampoo şampon
to shave a se rade
she ea
shirt cămaşă (cămăşi)
shoe pantof
shop magazin
short scurt
show spectacol
shower duş
sick bolnav
sign semn
silver argint
simple simplu
sin păcat
to sing a cînta
sister soră
to sit a sta
size măsură
skiing schi
skirt fustă
sky cer
to sleep a dormi
sleeper vagon de dormit
slow încet
small mic
to smoke a fuma
snow zăpadă
soap săpun
so many atîţia
soda water sifon
somehow oarecum
sometimes uneori
son băiat, fiu
song cîntec
sorry pardon
sort fel
soup supă
south sud
to speak a vorbi
sport sport
spring primăvară
square (shape) pătrat
stamp timbru
to stand a sta
station gară
to steal a fura
steel oţel
still încă
to stop a opri
storm furtună
story povestire (f)
straight drept

straight on drept înainte
strange ciudat
street stradă (străzi)
strong tare
student student
stupid prost
to succeed in a reuşi să
sugar zahăr
suit costum
suitcase geamantan
summer vară
sun soare (m)
sunburn arsură de soare
switch întrerupător
to switch off a stinge
to switch on a aprinde
system sistem

table masă
to take a lua
talk conversaţie
tall înalt
tap robinet
taxi taxi
tea ceai
teach a învăţa
telegram telegramă
telephone telefon
telephone number număr de telefon
television televizor
telex telex
than ca
to thank a mulţumi
thanks ' mulţumesc
theatre teatru
then atunci
therefore deci
thin subţire
thing lucru
to think a crede
thought gînd
thousand mie
throat gît
to throw a arunca
ticket bilet
time timp
timetable orar
tip bacşiş
tired obosit
to la
tobacconist's tutungerie
today azi
toilet WC
tomorrow mîine

tongue limbă
too prea
tooth dinte (m)
toothbrush perie de dinţi (f)
tourist turist
towards spre
towel prosop
town oraş
train tren
translate a traduce
tree pom (m)
trousers pantaloni
true adevărat

ugly urît
umbrella umbrelă
under sub
to understand a înţelege
unfortunately din păcate
United States Statele Unite
until pînă cînd
up sus
upset necăjit, supărat
urgent urgent
to use a folosi
useful folositor
usual obişnuit

vacant liber
vaccination vaccin
valid valabil
vegetables legume
very foarte
village sat
visa viză
visit vizită

to wait a aştepta
waiter chelner (m)
to walk a merge pe jos
wall perete
to want a vrea
warm cald
watch ceas
water apă
way drum, fel
weather vreme
week săptămînă
well bine
when? cînd?
where? unde?
who? cine?
why? de ce?
wind vînt
wine vin

with cu
to write a scrie
wrong greşit

yard curte
year an
yellow galben

yes da
yesterday ieri
yet încă
young tînăr

zip fermoar

GRAMMATICAL INDEX

This index covers grammatical points raised in the units under the sections **Explicaţii** and is not intended to be exhaustive. The introduction to each unit also acts as a grammatical guide.

Nouns

Nouns   14-6, 20-1
the forms   52-4
to a, of a forms   65-8, 129-30
to the, of the   80-2
Countries, towns, rivers   133-5
Days of the week   63-4, 68-9
Months of the year   63-4, 69

Adjectives

Adjectives   41, 141-2
my, your, etc.   82-3
this, that   131-2
all, every   109-10
the best, the biggest   143-4

Numbers

Numbers   13, 22-3, 43-4
First, second   167-9
Time   44-5
Date   68-70

Pronouns

I, you, etc.   30-1
her, him, etc.   93-7, 164-5
to me, to you   105-9, 115-8
mine, yours, etc.   129-30
nothing, never   121

that, which   131-2
anyone, anything   146
this, that   90-3, 142-4
whose?, whom?   130-1

Verbs

Verbs   32, 39, 166-7
Commands   152-5
had done   185-7
might do   187-9
Present tense   41, 65, 177-9
will, shall   97
was doing, etc.   103-5
Past tense   77-80, 94, 144-6
would   118-9
would have   119-20
Reflexive   55-6, 175-6
Subjunctive   57-8

Adverbs

Negative   13-4
Expressions of time   68-70, 162-4
also, still   58

Prepositions

on, at   33
in, at   71
in front of   189-90

HUNGARIAN

ZSUZSA PONTIFEX

This is a complete course, publishing early in 1993, in spoken and written Hungarian. If you have never learnt Hungarian before, or if your Hungarian needs brushing up, *Teach Yourself Hungarian* is for you.

Zsuzsa Pontifex has created a practical course that is both fun and easy to work through. She explains everything clearly along the way and gives you plenty of opportunities to practise what you have learnt. The course structure means that you can work at your own pace, arranging your learning to suit your needs.

Based on the Council of Europe's Threshold guidelines on language learning, the course contains:

- twenty-one graded units of dialogues, culture notes, grammar and exercises
- a guide to Hungarian pronunciation
- a grammar summary
- a Hungarian-English vocabulary list

By the end of the course you'll be able to cope with a whole range of situations and participate fully and confidently in Hungarian life.

RUSSIAN

DAPHNE M. WEST

This is a complete course in spoken and written Russian. If you have never learnt Russian before, or if your Russian needs brushing up, *Teach Yourself Russian* is for you.

Daphne West has created a practical course that is both fun and easy to work through. She explains everything clearly along the way and gives you plenty of opportunities to practise what you have learnt.

Based on the Council of Europe's Threshold guidelines on language learning, the course contains:

- graded units of dialogue, culture notes, grammar and exercises
- a step-by-step guide to the Russian alphabet and its pronunciation
- an extensive grammar summary
- a Russian-English vocabulary list

By the end of the course you'll be able to cope with a whole range of situations and participate fully and confidently in Russian life and culture.

SERBO-CROAT

DAVID NORRIS

This is a complete course, publishing early in 1993, in spoken and written Serbo-Croat. If you have never learnt Serbo-Croat before or if you want to improve on existing skills, then *Teach Yourself Serbo-Croat* is for you.

David Norris has created a practical course that is both fun and easy to work through. He explains everything clearly along the way and gives you plenty of opportunities to practise what you have learnt. The course structure means that you can work at your own pace, arranging your learning to suit your needs.

Based on the Council of Europe's Threshold guidelines on language learning, the course contains:

- eighteen carefully graded units of dialogues, culture notes, grammar and exercises
- a pronunciation guide
- a grammar summary
- a Serbo-Croat/English vocabulary list

By the end of the course you'll have the language skills and knowledge you need to deal confidently with a whole range of situations.